- 大数据时代，你需要懂点统计学
- 理解数据、运用数据，是信息时代中每个人的底层能力
- 统计学，原来可以像吸猫一样有趣……
- 俄罗斯天才数学家&猫迷的倾心之作，掌握统计学的基本知识，有这一本就够了

吸猫
统计学

［俄罗斯］弗拉基米尔·萨维利耶夫 著

关俊博 ◎ 译

广东经济出版社

· 广州 ·

图书在版编目（CIP）数据

吸猫统计学 /（俄罗斯）弗拉基米尔·萨维利耶夫著；关俊博译.—广州：广东经济出版社，2023.1
ISBN 978-7-5454-8559-2

Ⅰ.①吸…　Ⅱ.①弗…②关…　Ⅲ.①统计学—基本知识　Ⅳ.①C8

中国版本图书馆CIP数据核字（2022）第208771号

责任编辑：陈念庄　李　璐
责任技编：陆俊帆
封面设计：李祯涛

© Text and Illustrations by Vladimir Saveliev
This edition is published by arrangement with AST Publishers Ltd, Russia.
The simplified Chinese translation rights arranged through Rightol Media（本书中文简体版权经由锐拓传媒取得Email:copyright@rightol.com）

版权合同登记号：19—2022—182

吸猫统计学
XIMAO TONGJIXUE

出版人	李　鹏
出版发行	广东经济出版社（广州市环市东路水荫路11号11～12楼）
经销	全国新华书店
印刷	珠海市国彩印刷有限公司印刷 （珠海市金湾区红旗镇永安一路）
开本	889毫米×1194毫米　1/32
印张	6.5
字数	200千字
版次	2023年1月第1版
印次	2023年1月第1次
书号	ISBN 978-7-5454-8559-2
定价	50.00元

图书营销中心地址：广州市环市东路水荫路11号11楼
电话：（020）87393830　邮政编码：510075
如发现印装质量问题，影响阅读，请与本社联系
广东经济出版社常年法律顾问：胡志海律师
· 版权所有　翻印必究 ·

作者寄语

很少有人喜欢统计学。

一些人认为这门学科枯燥乏味,另一些人恐惧并避之不及,还有一些人认为它完全没用。但是,我对这门学科却有着不同的看法。

在我看来,统计学具有一种独特的内在美。我们可以通过查看相关矩阵、树状图,或者解释因子分析的结果来研究统计学。每个统计数据的背后都有一个小奥秘,它揭示了隐藏在我们身边的规律。

为了发掘它的内在美,聆听贯穿于统计学的美妙诗篇,我们必须克服由于这一学科的外在复杂性而产生的最初恐惧和怀疑。

这就是我创作这本书的原因——为了向人们展示统计学并没有他们想象中的那么可怕。而且,统计学很可能就像书中的小猫一样,可爱又柔软。

出版人寄语

当我听到"统计学"这个词时,我首先想到了英国的学者们(一般认为,统计学在英国产生)和选举。统计学是一个多维工具,有时可以统计数据,有时可以发掘关于现实世界的知识。

作者以一种生动有趣的方式写下这本关于基础统计学的书。相较于以往没有趣味性和实用性的教育体系,本书以小猫为研究对象,寓教于乐。

当研究数据时,我们需要知道,我们的任务就是在一堆稻草里找到一根针。将统计学应用于商业领域有助于我们节约资金,开拓新市场。而节约资金能激发人们的进取心,慢慢地让生活变得更好。

向广大读者致敬。向本书作者致敬。

尤里·科尔热涅夫斯基
研究与发展中心
www.rnd.center

目录

第一章
猫长什么样
——描述性统计基础 / 1

第二章
带有猫的图形
——数据可视化工具 / 15

第三章
猫和狗有什么不同
——与非相关样本之间的差异测量 / 29

第四章
如何理解狗与猫的差异
——显著性统计方法：p 值 / 44

第五章
猫、狗、大象
——方差分析基础 / 51

第六章
猫的饮食
——多变量方差分析 / 61

第七章
如果猫生病了，应该怎么办
——相关样本的差异标准 / 68

第八章
猫的治疗
——重复测量的方差分析 / 80

第九章
如何让猫开心
——相关分析基础 / 89

第十章
幸福感的公式
——回归分析基础 / 104

第十一章
猫是开心的还是不开心的
——逻辑回归与判别分析 / 115

第十二章
猫的模拟装置
——数学建模基础 / 123

第十三章
猫的种类
——聚类分析基础 / 131

第十四章
猫的性格
——因素分析基础 / 143

结论 / 156

附录 1
主要内容的简要概括 / 158
理解材料所需的基本定义 / 158
集中趋势度量 / 159
可变性度量 / 160

非相关样本之间的差异性度量 / 161
相关样本之间的差异性度量 / 163
相似性度量 / 164
回归分析 / 166
判别分析 / 167
聚类分析 / 168
因素分析 / 169

附录 2
统计软件包的操作方法 / 170
描述性统计与统计图表 / 173
非相关样本的学生 t 检验 / 174
单因素方差分析 / 176
多因素方差分析 / 177
曼 - 惠特尼 U 检验 / 178
克鲁斯卡尔 - 沃利斯检验 / 179
相关样本的学生 t 检验 / 180
重复测量的方差分析 / 180
威尔科克森符号秩检验 / 181
弗里德曼检验 / 182
皮尔森相关系数和斯皮尔曼相关系数 / 183
线性回归 / 184
逻辑回归 / 185

判别分析 / 186
层次聚类 / 187
K 均值聚类算法 / 188
因素分析 / 189

附录 3
补充材料 / 191

致谢 / 193

第一章
猫长什么样
——描述性统计基础

猫有很多种类。有大猫，也有小猫；有长尾巴的猫，也有没尾巴的猫；有折耳猫，也有短脚猫。我们该怎样理解一只典型的猫长什么样子呢？

为了简单起见，我们以猫的体型大小为例。

第一种方法也是最明显的方法：就是观察哪种体型的猫最常见，也就是出现的次数最多。这个大小的体型就被称为模式。

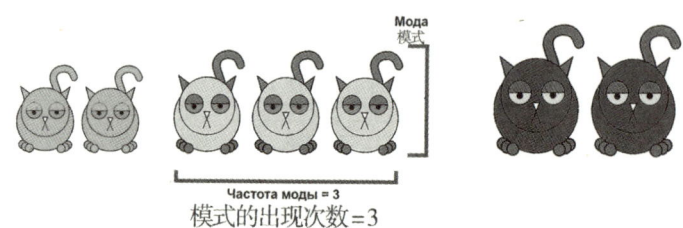

第二种方法：我们可以将所有的猫按照从小到大的顺序排列成一排，然后观察这一排最中间的猫。通常，这只猫具有最典型的体型。那么这个大小的体型就被称为中位数。

如果在这一排的中间同时存在两只猫（当猫的总数为偶数时会发生这种情况），那么，为了找到中位数，我们需要将这两只猫的大小相加，然后再用总和除以2。

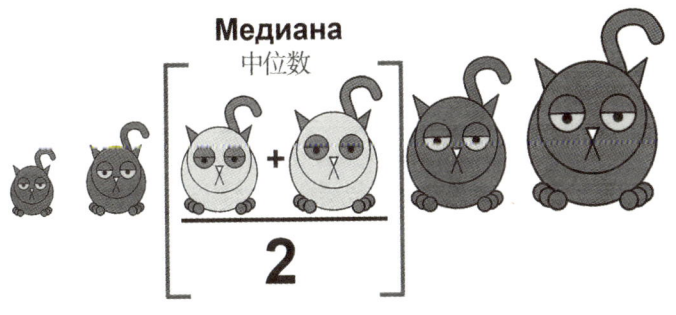

第三种方法：将所有猫的大小相加，然后除以猫的总数。由此产生的数值被称为平均数。这种方法在现代统计学中非常流行。

Среднее значение
平均数

然而，算术平均数并不总是典型性的最佳衡量标准。

假设，在我们统计的猫中，有一只像大象那么大。它的存在会使平均数整体上变大。那么，平均数就不能准确反映猫的典型大小。

Выброс
离群值

这种"大象"大小的大猫以及"蚂蚁"大小的小猫，被称为离群值。它们的存在会极大地误导我们对于典型猫的理解。而且不幸的是，如果统计数据中出现这种"大象"大小的猫，那么，许多包含平均数统计算法的公式将会变得不适用。

为了去掉离群值，有时会使用以下方法：去掉5%～10%具有最大体型和最小体型的猫，然后根据剩余部分计算出平均数。由此得到的数值被称为截断平均数（或裁剪平均数）。

Котики для усеченного среднего
用于计算截断平均数的猫

可供选择的另一种方法是选择中位数,而不是平均数。

因此,我们分析了如何确定猫的典型体型的主要方法:模式、中位数和平均数。它们被称为集中趋势的度量。但是,除了典型性之外,我们经常还会对另一个问题感兴趣——猫的体型到底能有多么不同。为了解决这个问题,我们就需要借助变异性测量。

第一种方法是测量具有最大体型和最小体型的猫之间的差异。但是,与算术平均数一样,这种度量对离群值非常敏感。为了避免测量结果失真,我们必须去掉25%最大体型的猫和25%最小体型的猫,然后根据剩余部分找到变量。这种度量方法被称为四分位距。

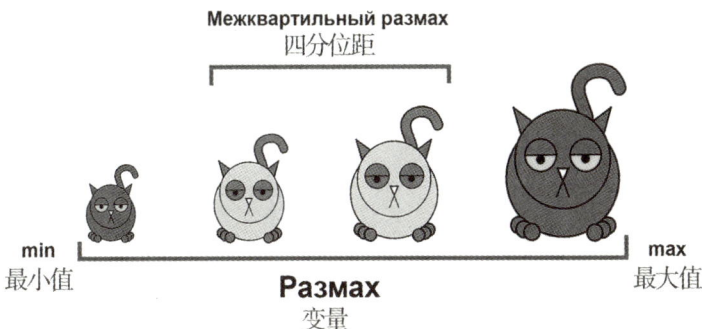

第二种和第三种变异性度量被称为方差和标准差。为了理解这两种度量是怎样应用的,我们仍然用猫举例。假设,我们将某只特定的猫(名叫"巴斯克"的无敌胖猫)的体型与猫的平均体型进行比较。那么,它们体型大小的差异(或者更确切地说是差数)被称为偏差。

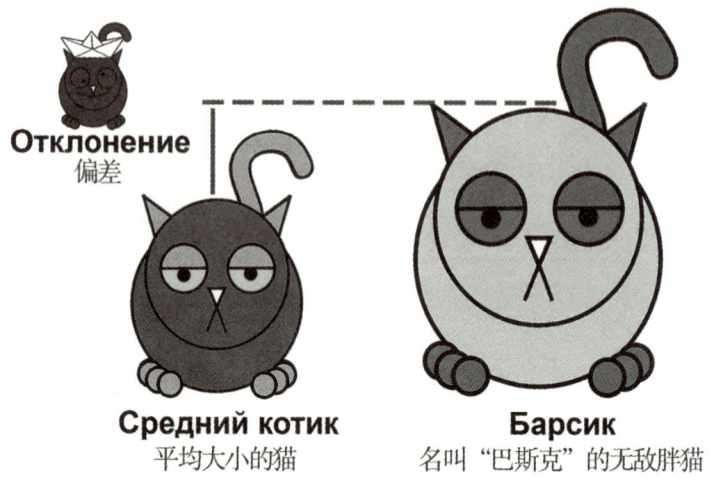

很明显，巴斯克与平均大小的猫之间的差异越大，这种偏差就越大。

因此，可以合理推测，我们找到体型偏差大的猫越多，猫的体型就越多样化。为了明确哪种偏差对于猫来说最典型，我们就可以计算出这些偏差的平均数（也就是把所有偏差相加，然后用总和除以猫的总数）。

 / 3

　　但是，我们这样操作下来，得到的结果有可能为 0。出现这种情况的原因是一些偏差是正数（当巴斯克大于平均数时），而另一些偏差是负数（当巴斯克小于平均数时），那么它们的总和有可能刚好为 0。

　　因此，在计算过程中我们必须要消除负值的影响。这可以通过两种方式完成：一是取偏差的模数；二是取偏差的平方。其中，后者更常用。正如我们所知，无论是正数还是负数，它们的平方总是正数。

Дисперсия D
方差

如果我们计算出偏差平方的平均数，就会得到所谓的方差。然而，不幸的是，公式中的平方使得方差对于评估猫的多样性非常不适用：如果我们以厘米为单位测量猫的体型大小，那么所得方差的计量单位就是平方厘米。

因此，为了方便应用，通常把方差开一下根号，由此得到的数值被称为均方差。

Среднеквадратическое отклонение σ
均方差

但是，与算术平均数一样，方差和均方差对于离群值也非常敏感。

在描述一组猫的时候，通常同时使用平均数和均方差。通常来说，大多数（大约68%）的猫都处于与平均数相差一个均方差的范围内，这些猫都具有所谓的正常体型。

而剩下的32%要么特别大，要么特别小。总而言之，大多数猫的属性都可以用下图表示。

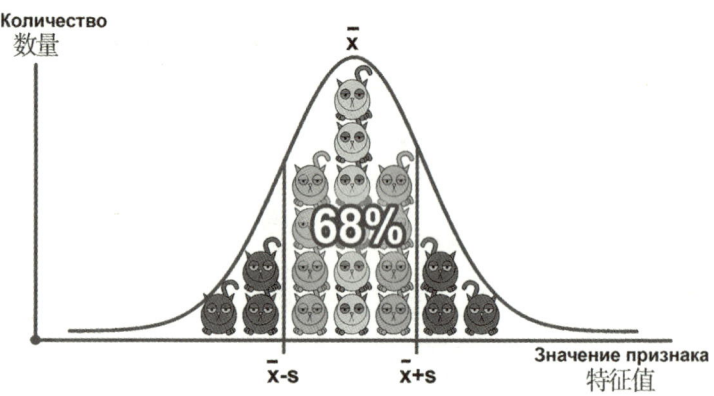

这样的图被称为特征的正态分布。

因此，我们只要知道这两个指标，就可以相当确定地说出一只典型的猫长什么样、猫与猫之间能有多么不同以及某种属性的标准范围是从哪里到哪里。

相当重要的知识！
样本、总体和两种类型的方差

作为研究人员，我们对所有的猫都感兴趣，无一例外。统计学家们将这些猫称为总体。然而，在实际操作中，我们无法把总体全都测量一遍，因此通常我们只测量其中的一小部分猫。而这些被测量的猫，就被称为样本。

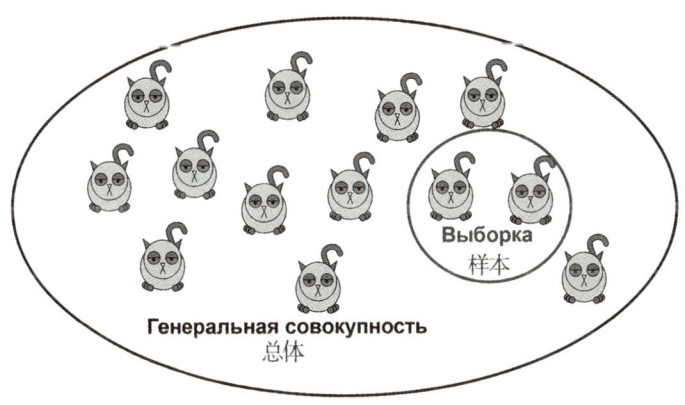

重要的是，要保证选择的样本尽可能地与总体类似。这种类似程度被称为代表性。

必须记住，有两个方差公式：一个用于总体，另一个用于样本。第一个公式的分母总是猫的确切数量，第二个公式的分母正好比总数少一只猫。

如前所述，总体方差的平方根被称为均方差，而样本方差的平方根则被称为标准差。

当然，也可以使用总体标准差和样本标准差这两个术语。在实际操作过程中，最常使用的是后者——样本标准差。

第二章
带有猫的图形
——数据可视化工具

在上一章中，我们讨论了有助于确定猫的典型体型及其多样性的标准。但是，当我们需要获取关于猫的更完整、更直观的信息时，就需要借助于所谓的数据可视化工具。

第一组工具可以显示出多少只猫具有同样大小的体型。首先，我们需要构建一张频率表。频率表中有两列：第一列表示体型大小（或者猫的其他属性），第二列表示具有这种体型的猫的数量。

这个数量就被称为频率。需要指出的是，频率既可以是绝对数量（用猫的只数来表示），也可以是相对数量（用百分比来表示）。

使用频率表可以做很多有趣的事情。比如，

构建条形图。

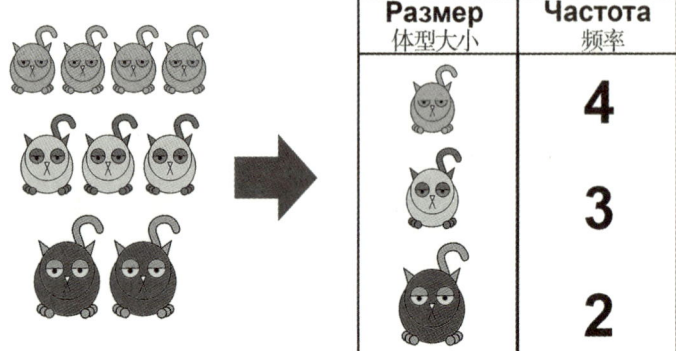

在绘制条形图的过程中，我们先画出两条相互垂直的坐标轴：水平轴表示体型大小，垂直轴表示频率。然后，我们再画出相应的条形，其高度对应具有这种体型的猫的数量。

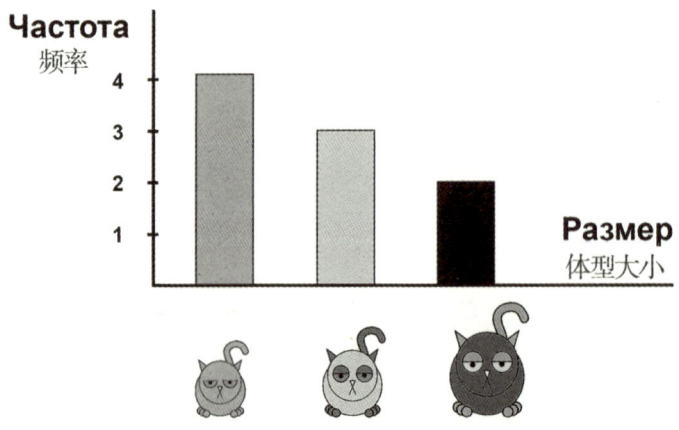

除了绘制条形图之外，我们还可以画出多个点，然后用线段将它们连接起来。这样得到的图形，被称为分布折线图。如果实际操作中存在很多种猫的体型，那么使用折线图就很方便。

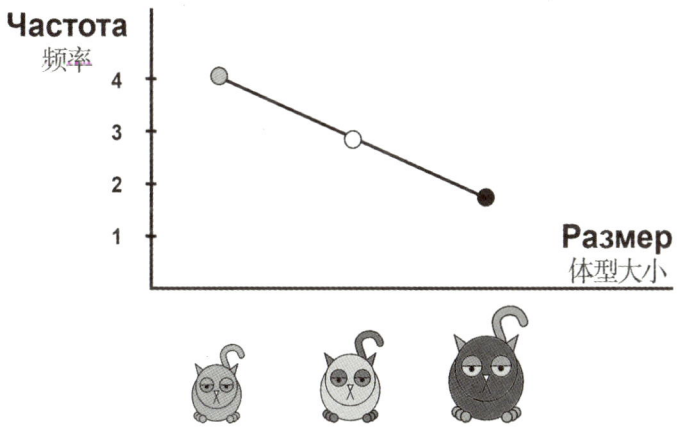

最后，我们还可以绘制饼状图。在饼状图中，每个扇形的大小取决于该体型的猫所占的百分比。

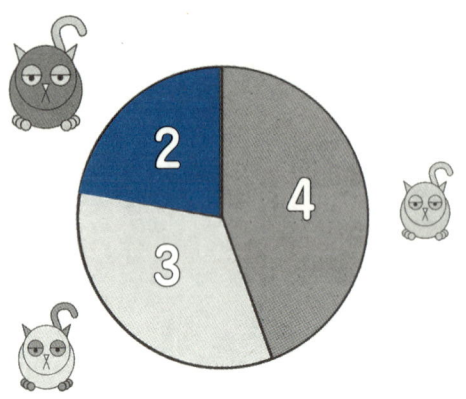

　　下一组工具可以同时显示猫的两个属性。例如，体型大小和毛发密度。与条形图一样，第一步是绘制两条相互垂直的坐标轴。只是现在每个坐标轴都表示一个单独的属性。然后，再根据这些属性的表现程度，把每只猫放在相应的位置上。比如，体型大而毛发旺盛的猫应该放在靠近右上角的位置上，而体型小而毛发稀疏的猫则放在左下角的位置上。

因为这种图形中的猫通常用点来表示，所以被称为散点图（或散布图）。

另外，散点图还有一种更高级的版本——气泡图。它可以同时显示猫的三个属性（体型大小、毛发密度和重量）。这是因为气泡图上的点本身就具有不同的数值，用来表示第三个属性。

　　最后一组常用的可视化工具是用图形的方式来描述集中趋势的度量和变异性的度量。简单来说，就是用图形上的一个点，来表示平均大小的猫，而距离这个点的线段长度表示猫的体型与平均大小的标准差值。

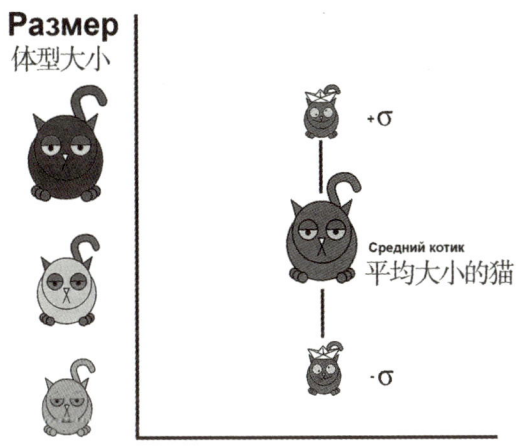

　　还有一种更常用的工具——箱形图（或称箱线图）。它可以同时显示中位数、上四分位数和下四分位数。借助箱线图，我们可以了解数据的分布状态是否近似正态分布，以及是否存在离群值。

　　除了上述工具之外，还有许多为了特定目的而定制的更具体的工具（如使用地理地图的图表）。但是，无论使用哪种类型的图表，都必须遵循一些准则。

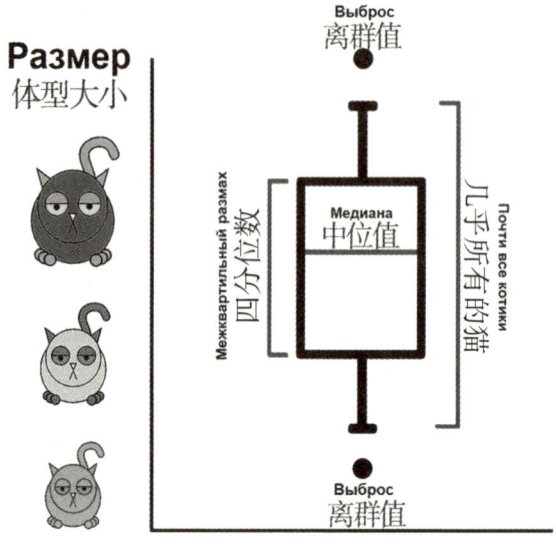

需要注意的是，图表上不应该有多余的东西。如果有不表示任何意义的元素，最好将其去掉。因为额外的元素越多，图表就越乱。

图表的颜色也是如此：最好将颜色的数量控制在三种以内。此外，如果想把图表打印出来，那么最好用黑、白两种颜色进行绘制。

相当重要的知识！
可视化的"黑暗面"

可视化工具虽然可以使数据更易于理解，但是也很容易产生误导。不幸的是，它们经常被各种各样狡猾的人利用。下面，我将介绍使用可视化图表作弊的最常见方法：

（1）使用百分比，而不是绝对数值。很多时候，为了让自己的数据看起来更有意义，狡猾的人会把猫的绝对数量转换成百分比。毕竟，通过测量 50% 的猫得到的结果看起来比测量 5 只猫得到的结果更有说服力。

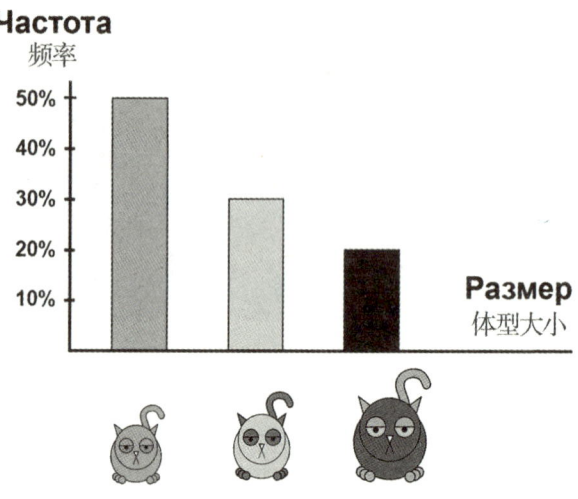

Хитрость
狡猾

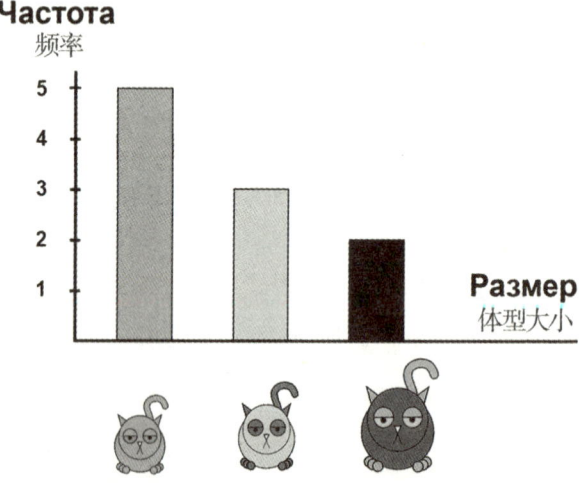

Разоблачение
揭露

24

（2）移动刻度。为了在没有显著差异的地方展示出显著差异，狡猾的人会偷偷地"移动"刻度。也就是说，坐标轴不是从零开始计数，而是从对于他们来说更方便的数字开始。

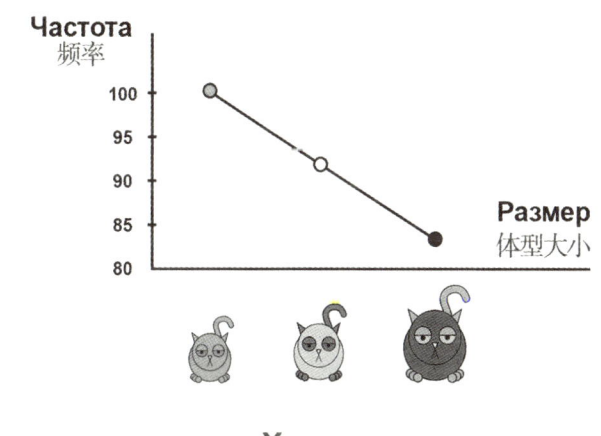

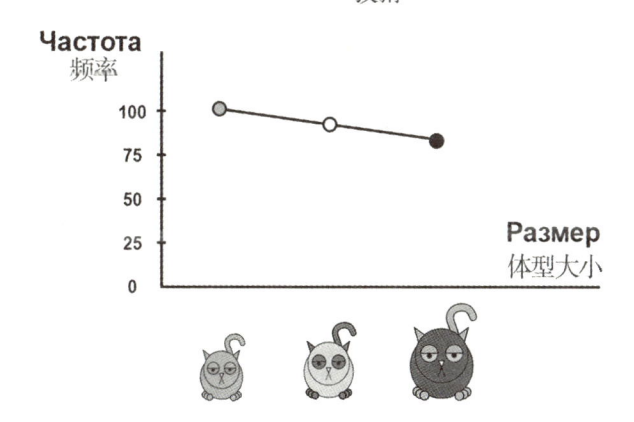

Частота
频率

Размер
体型大小

Хитрость
狡猾

Частота
频率

Размер
体型大小

Разоблачение
揭露

（3）隐藏数据。如果狡猾的人想要隐藏某组数据中的显著差异，那么他会把这组数据与另外一组不同的数据放在同一个刻度上。这样，以另外一组数据为背景，这组数据的差异或变化看起来就没那么显著了。

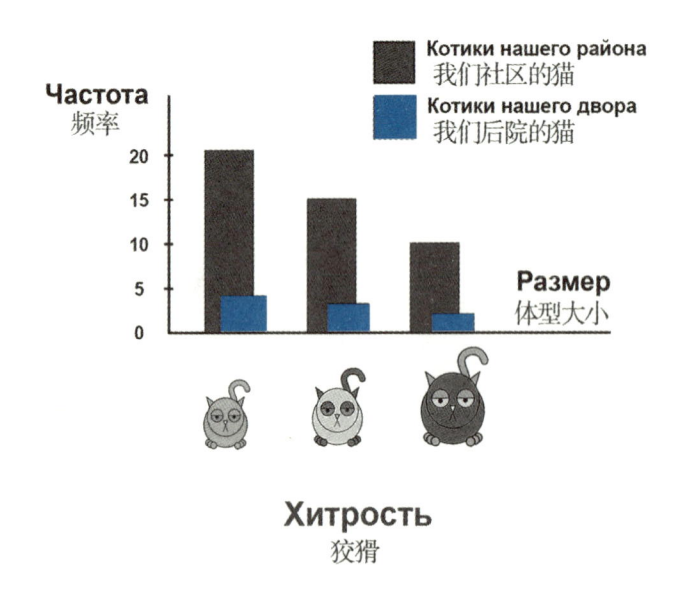

Котики нашего района
我们社区的猫

Котики нашего двора
我们后院的猫

Частота
频率

Размер
体型大小

Хитрость
狡猾

Частота
频率

Размер
体型大小

Разоблачение
揭露

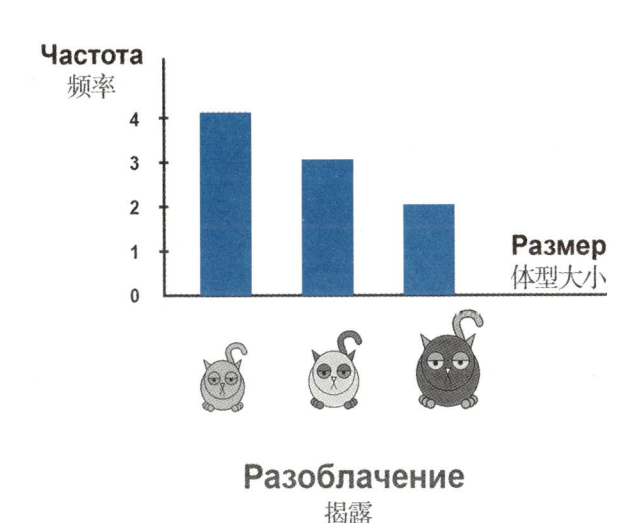

（4）改变比例。另外一种制造视觉错觉的方法是改变比例。通过改变横、纵坐标轴的比例，即便是相同的数据，看起来也会有显著的区别。

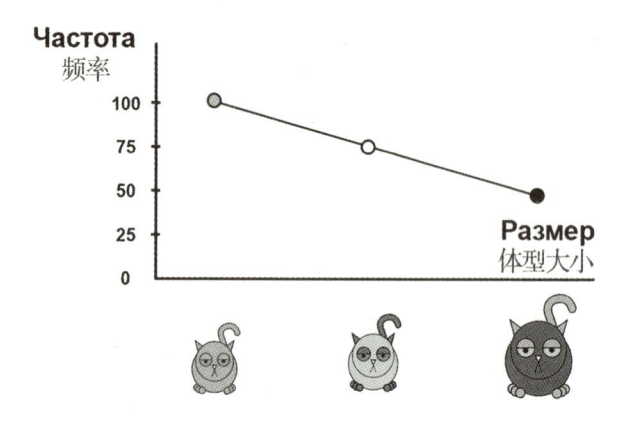

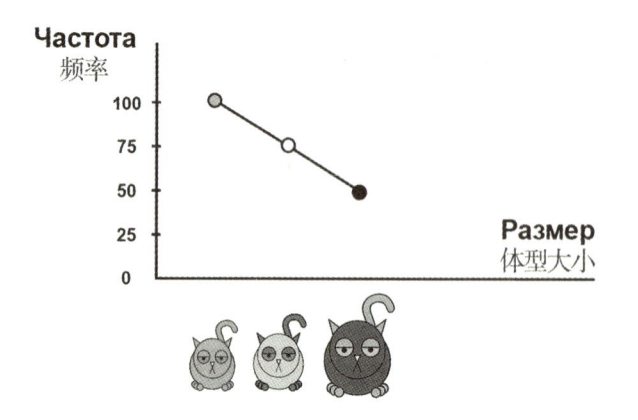

因此，在解释以图形和图表形式呈现的数据时，必须非常谨慎。尽管在表格和公式中显示的数据一般不容易被操纵，但还是有一些狡猾的人用一些狡猾的手段来误导不了解情况的大众。

第三章
猫和狗有什么不同
——与非相关样本之间的差异测量

　　这个世界上不仅有猫,还有狗。狗与猫有些地方相似:它们都有四只爪子、一条尾巴和两只耳朵。然而,它们在许多方面也有所不同,如猫喵喵叫,而狗汪汪叫。

但是，猫与狗之间并非所有的差异都如此明显。比如，我们很难判断猫和狗的体型有何不同。毕竟，这个世界上既有非常大的猫，也有非常小的狗。

要想了解它们之间的差异，就需要对非相关样本进行差异测量。大多数的测量结果都能显示出典型的狗与典型的猫存在哪些不同。

例如，最流行的一种方法就是通过对非相

关样本进行学生 t 检验，来评估狗和猫的平均大小有何不同。

为了计算出 t 值，需要用狗的平均大小减去猫的平均大小，然后再除以这个差值的标准误差。

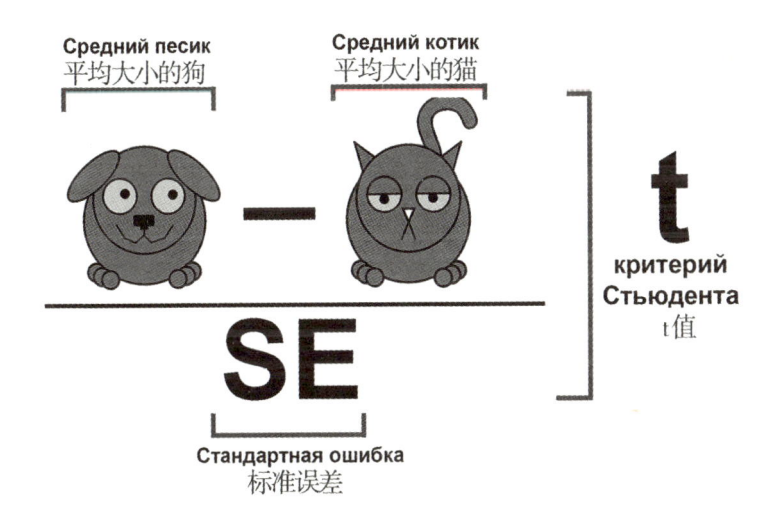

$$t = \frac{\text{平均大小的狗} - \text{平均大小的猫}}{SE}$$

Средний песик 平均大小的狗
Средний котик 平均大小的猫
Стандартная ошибка 标准误差
критерий Стьюдента t 值

如果狗的平均大小与猫的平均大小之间的差值非常大，而标准误差又非常小，那么 t 值将非常显著。t 值越大，我们就越有把握说狗和猫的平均大小非常不同。

不幸的是，由于学生 t 检验的计算公式中包含平均值，因此如果样本中存在异常大小的猫和狗（第一章中介绍过的离群值）时，则检验结果就不够充分。

为了避免出现这种情况，可以从样本中去掉这些异常大小的猫和狗，或使用曼－惠特尼U检验（非参数检验）。顺便说一下，在我们不知道动物的确切体型（厘米）大小的情况下，也可以使用这个检验方法。

为了进行曼－惠特尼U检验，需要将所有的狗和猫按照从小到大的顺序排列成一组，并给它们分配等级。体型最大的动物为第一等，而体型最小的动物为最后一等。

然后，我们将所有的狗分成一组，将所有的猫分成另外一组，分别计算两组等级数的总和。总体逻辑是这样的：这两个总和的差值（秩和差异）越大，就说明狗和猫的差异越大。

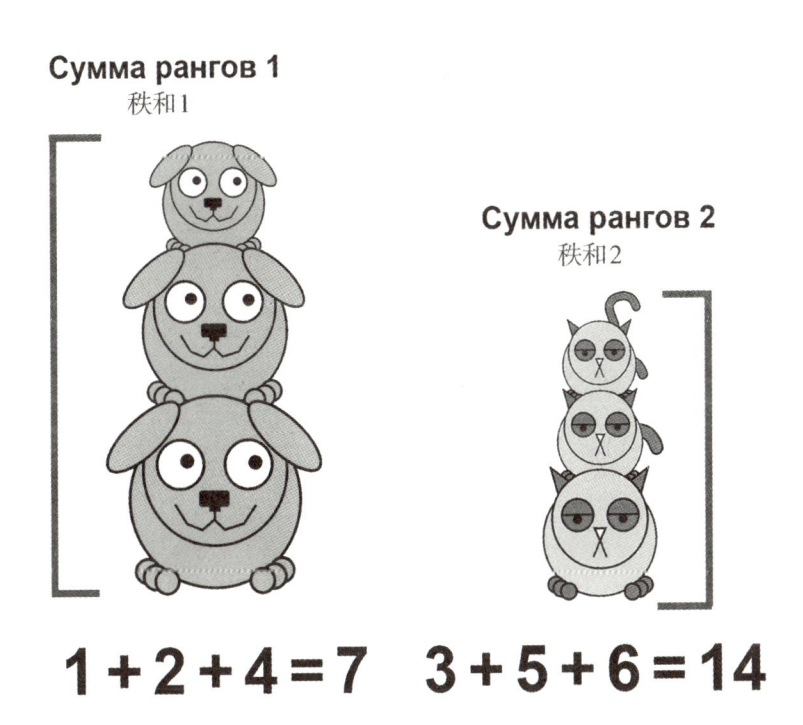

Сумма рангов 1
秩和1

Сумма рангов 2
秩和2

$$1+2+4=7 \quad 3+5+6=14$$

最后，我们再进行一些转换（主要是校正猫和狗的数量），计算出 U 值。通过 U 值，我们可以判断猫和狗的体型大小是否真的存在差异。

除了了解典型的猫和典型的狗之间的差异之外，在某些情况下，我们可能也会对它们的多样性差异感兴趣。换句话说，我们可能想知道，狗的体型大小是否比猫的体型大小更具多样性。

如果想要了解猫和狗的多样性差异，可以进行费歇尔F检验（方差齐性检验）。由此得到的F值表示它们多样性之间存在的差异有多大。

F

Фишера

F检验

需要注意的是，在这个公式中，分子应该是更大一点的方差，而分母则是更小一点的方差。

在我们知道猫和狗的确切大小，或者至少知道大概大小的情况下，上述检验方法都很有效。然而，在实际操作中，我们也可能遇到其他情况。有时，我们可能只知道被检验的动物是大的还是小的。那么，在这种困难的条件下，皮尔森卡方检验将可以帮助我们确定猫和狗之间的差异。

为了进行皮尔森卡方检验，需要构建所谓的列联表。在最简单的情况下，就是建立一个 2×2 的列联表。其中，每个单元格表示某种大小的狗和猫的数量（或者其出现的频率）。但是，需要注意的是，列联表不止 2×2 的结构，还有由很多列、很多行组成的结构。

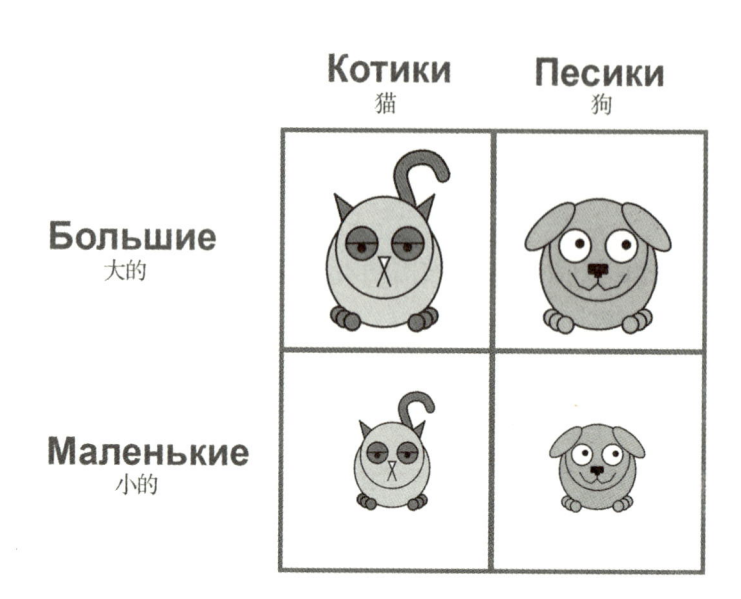

	Котики 猫	Песики 狗
Большие 大的	🐱	🐶
Маленькие 小的	🐱	🐶

　显然，如果猫和狗这两个物种在体型大小上没有差异，那么体型大的猫的数量应该与体型大的狗的数量相同（以百分比计）。

　皮尔森卡方检验的主要逻辑就是将狗与猫没有差异的表（也就是理论频率表）与我们实际检验所得的表（实际频率表）进行对比。

Таблица эмпирических частот
实际频率表

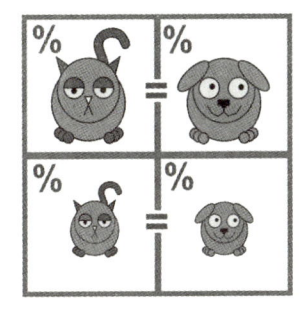

Таблица теоретических частот
理论频率表

首先，需要建立一张理论频率表。其中，每一个单元格都需要使用下面的公式计算出理论频率。

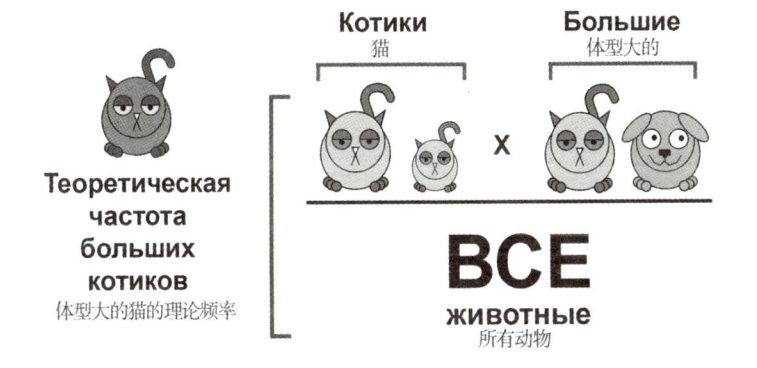

Теоретическая частота больших котиков
体型大的猫的理论频率

= (**Котики** 猫 × **Большие** 体型大的) / **ВСЕ ЖИВОТНЫЕ** 所有动物

其次，查看实际频率表和理论频率表中对应的单元格之间的差异。计算差异的公式如下：

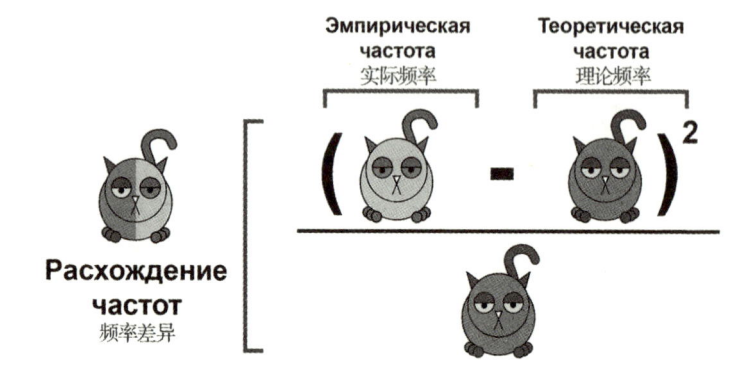

$$\text{频率差异} = \frac{(\text{实际频率} - \text{理论频率})^2}{\text{理论频率}}$$

该公式中分子的平方是为了消除负值影响，而分母将卡方带入所需的维度。可以发现，如果理论频率等于实际频率，那么通过这个公式计算出的结果即为0。

最后，将所有结果相加，这个总和就是皮尔森卡方。这个数值越大，就表示狗与猫的差异越大。

Хи
квадрат
卡方

除了上述检验方法之外，还有其他统计算法可以让我们确定狗与猫的差异所在。通常来说，这些统计算法具有不同的计算机制和数据要求。但是，无论使用的是哪种统计算法，仅仅计算出来一个结果都是不够的。除此之外，我们还必须能够解释这个结果。下一章我们将专门讨论这个问题。

相当重要的知识!
神秘的自由度

许多统计学专业的学生都对经常出现在教科书上的"自由度"这一概念感到困惑。

假设你们知道,所有猫的大小总和为 75 厘米,但是不知道每只猫的具体大小。只有在开始测量之后,才能知道每一只猫的具体大小。

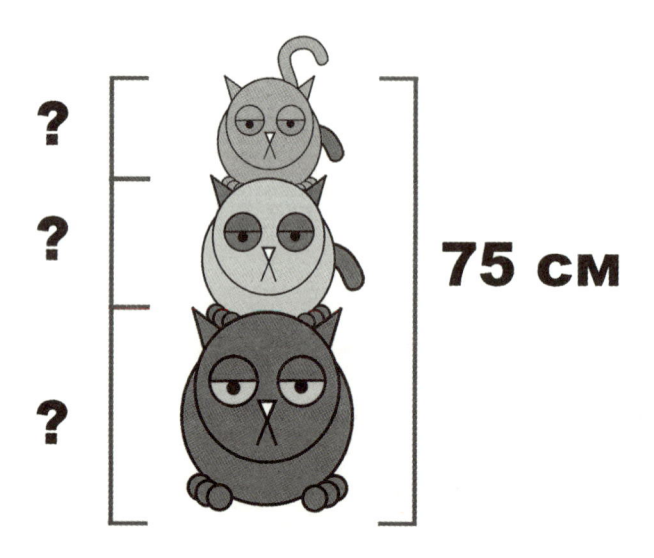

假设经过测量，你们已经知道第一只猫的体型大小为 20 厘米。那么，经过简单的计算，就可以确定剩下的猫的大小总和是 55 厘米。但是，具体每一只猫的大小仍然还是个未知数。

再让我们来测量一下第二只猫的大小。结果显示第二只猫是 25 厘米。那么现在，是否已经可以确定第三只猫的大小了呢？显然，第三只猫的大小已经不再是个未知数了，通过简单计算就可以准确知道它的大小。只要从总量中减去第一只猫和第二只猫的大小，就可以得到第三只猫的大小了。

自由度的数量指的就是我们在已知均值或方差的情况下，为了确定每一只猫的大小而必须测量的猫的数量。如果只有一只猫的样本，那么自由度的数量就是猫的总数减去 1。

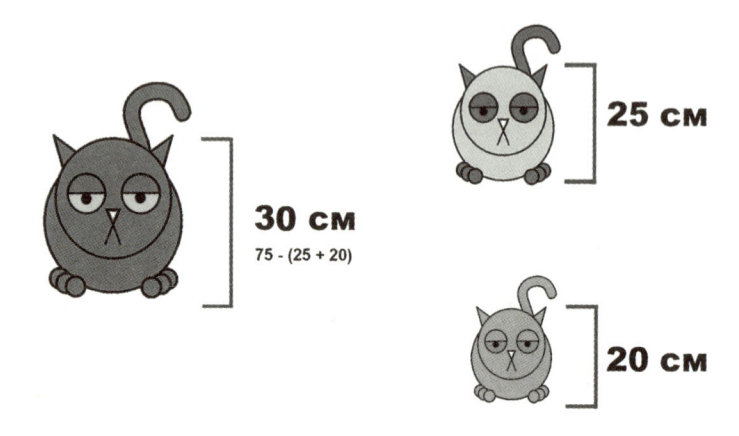

30 cm
75 - (25 + 20)

25 cm

20 cm

如果测量样本中不止有猫，还有狗（如在计算 t 值时），那么自由度的数量就是猫和狗的自由度的总和。或者按照另外一种方法——用动物的总数减去 2。

df
4-1=3

df
3-1=2

df
(4+3)-2=5

这个概念的起源是概率论和数理统计的基础，这远远超出了本书的范围。从实践的角度来看，有关自由度的知识对于使用临界值表和计算显著性水平 p 值至关重要。这些术语我们将在下一章中详细介绍。

第四章
如何理解狗与猫的差异
——显著性统计方法：p 值

假设你们已经计算出了 t 值，或者 U 值，又或者其他一些统计标准，那么，怎样通过所得数据来判断狗和猫的大小是否真的存在差异？为了找出这个问题的答案，统计学家们使用了一种非常重要的方法。

首先，他们提出这样一种假设：猫和狗这两个物种之间根本不存在任何差异。这种假设被称为原假设（或"零假设"）。

Нулевая гипотеза
原假设

下一步，计算随机选择两组猫和狗的所得结果大于或等于标准值的概率（通常不考虑结果的正负号），这个概率被称为 p 值。

如果 p 值小于 5%（通常写为 0.05），则拒绝原假设，并接受猫和狗仍然存在差异的假设，这样的假设被称为替代假设。

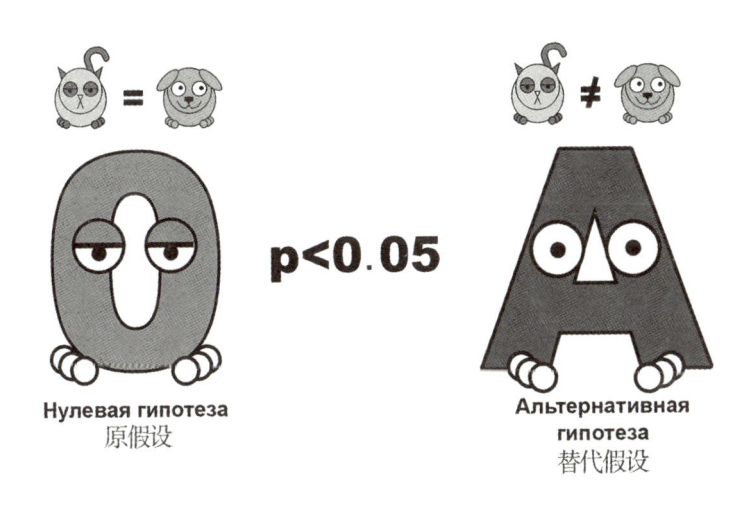

$p<0.05$

Нулевая гипотеза
原假设

Альтернативная гипотеза
替代假设

如果 p 值大于 0.05，则不拒绝原假设。

但是，不拒绝原假设并不表示它肯定是对的。这只能说明在此实验中没有发现显著差异。

Нулевая гипотеза
原假设

Альтернативная гипотеза
替代假设

p>0.05

在某些特殊的统计程序中，p 值是自动计算的。我们只需要在相应的表中找到它即可。但是，如果没有这种可以自动计算的程序，就必须使用临界值表。

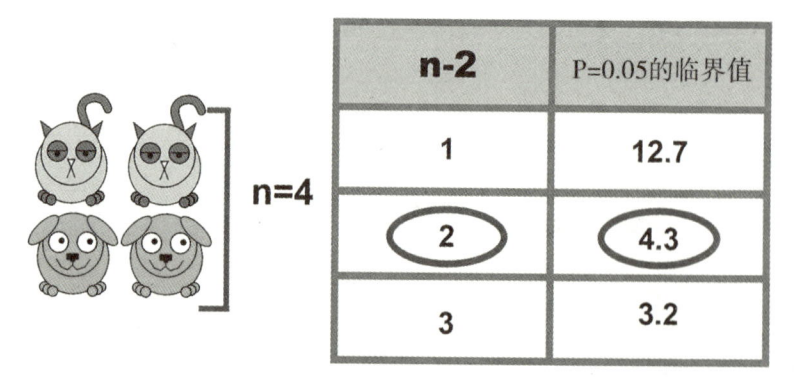

n=4

n-2	P=0.05的临界值
1	12.7
2	4.3
3	3.2

使用临界值表很容易：只需要找到相应的行，查看那里显示的标准值即可。如果得到的结果大于标准值，那么就表示猫和狗之间存在差异。但是，这条规则也有例外，就是曼－惠特尼 U 检验以及与之类似的其他检验。

相当重要的知识！
替代方法

近些年来，通过 p 值来确定差异的方法受到了严厉的批评。因此，我们必须知道，为了确定所得结果的显著性，我们还可以使用其他一些替代方法：

（1）置信区间。正如前面提到过的，统计学家们通常不是针对所有的猫进行研究，而只是选择其中的一部分作为样本进行研究。

Средний котик
по выборке
样本中平均大小的猫

Доверительный интервал
置信区间
истинное среднее лежит где-то здесь
真正的平均值就在这个范围内

因此，统计学家们并不知道所有猫真正的平均大小。但是，他们可以弄清楚平均值在什么范围内，这个范围被称为置信区间。

置信区间表示包含总体平均值的概率有多大。如果置信区间为95%，则表示我们有95%的把握说猫真正的平均大小就在这个范围内。

置信区间越宽，统计的结果精确度越低。至于狗和猫之间的差异，则出现在它们的置信区间不相交的部分。

（2）贝叶斯统计。上述所有确定显著性的方法都没有考虑到我们之前（先验）对猫和狗大小的了解。每次确定显著性水平 p 值或置信区间时，我们都会表现得好像之前从未见过它们一样。

但是，事实并非如此！我们非常清楚它们的样子！我们不能完全摒弃、脱离之前的经验！

基于英国牧师托马斯·贝叶斯提出的贝叶斯定理，我们可以比较之前掌握的知识与新获取的数据。

在这里我们不深入讨论数学方面的细节，只是了解一下总体逻辑。假设，通过之前的经验我们发现，在 60% 的情况下，随机选择的狗比随机选择的猫大。但是，在实际进行的实验中，我们发现这个数字达到了 80%，比 60% 高得多。那么，这是否意味着我们需要摒弃之前的经验，并用新数据替换旧经验呢？当然不是。利用新数据，我们可以对已有的看法稍加修改。下一次，我们就知道这个概率会比 60% 更高一些。

Априорные знания
先验概率
60%

Эксперимент
实验
80%

Больше
高于
60%

第五章
猫、狗、大象
——方差分析基础

通过前面的内容，我们知道了如何判断狗和猫的体型大小是否存在差异。如果我们对这个问题的回答是肯定的，那么实际上，我们在狗和猫的两个属性之间建立了关系：体型大小和它们所属的物种。

但是，不得不承认的是，这个世界上的动物不是只有猫和狗，还有很多其他的动物，如大象。

如果将大象也添加到我们的小型动物园中，就无法使用通常的两两比较方法（例如学生 t 检验或曼－惠特尼 U 检验）来确定体型大小是否与物种有关。在这种情况下，就需要使用其他方法。比如，方差分析。

　　方差分析的优点在于它可以同时比较任意数量的样本（两组、三组、四组等）。它的原假设是所有动物的体型大小根本没有区别，而替代假设是其中至少有一个物种与其他物种存在显著不同。

Нулевая гипотеза
原假设

Альтернативная гипотеза
替代假设

现在让我们来了解一下，如何进行方差分析。

首先，我们将猫、狗和大象排列在一起，并标示出它们的总体多样性。可以注意到，这些动物的典型代表之间存在很大的体型差异。比如，平均大小的大象要比平均大小的猫大得多。

Типичный котик
典型大小的猫

Типичный песик
典型大小的狗

Типичный слоник
典型大小的大象

min
最小值

Разнообразие размеров
体型大小的多样性

max
最大值

现在，假设我们把样本中所有的大象都去掉。正如你所看到的，体型大小的多样性会大大减少。这是因为大象对实验结果的贡献很大。而且，典型大小的大象与猫和狗越不同，这种贡献就越大。

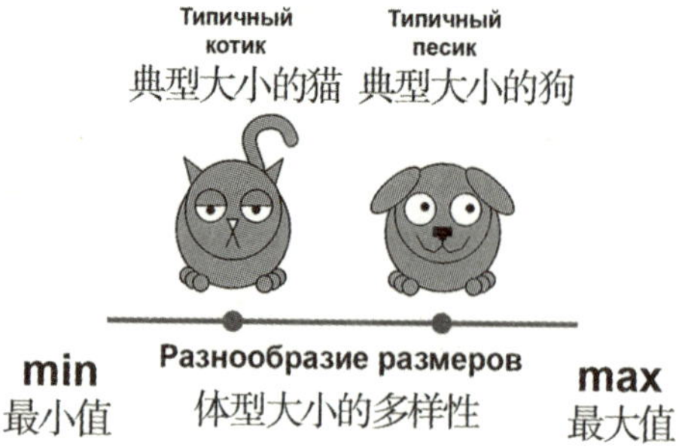

Типичный котик
典型大小的猫

Типичный песик
典型大小的狗

min
最小值

Разнообразие размеров
体型大小的多样性

max
最大值

然而，我们还需要注意，在个别情况下，猫、狗和大象内部也会因为年龄、基因和饮食而产生很大差异。从理论上讲，我们既可以找到一只体型非常大的猫，也可以找到一只体型非常小的大象。

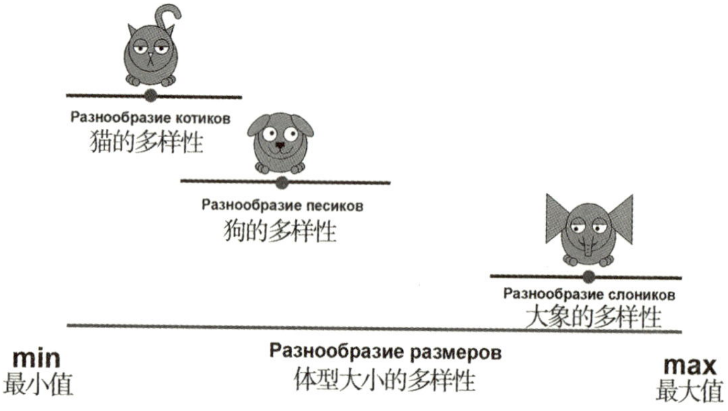

Разнообразие котиков
猫的多样性

Разнообразие песиков
狗的多样性

Разнообразие слоников
大象的多样性

min
最小值

Разнообразие размеров
体型大小的多样性

max
最大值

因此，动物体型大小的多样性既由它所属的物种决定，又由异常因素决定。而我们的任务，就是比较这些因素的贡献。

正如前面提到的那样，确定多样性的主要方法之一是方差。而方差分析需要用到的正是方差。方差分析将由于物种因素（组间方差）造成的差异和由于其他因素（组内方差）造成的差异区分开来，然后根据前面介绍过的费歇尔 F 检验对它们进行比较。

得到的 F 值越大，就表示物种因素（组间方差）对动物体型的影响越大。

Фишера
F 检验

不幸的是，方差分析是一种参数检验方法，因此它对于离群值和非正态数据分布非常敏感。如果遇到这种情况，建议使用与之对应的非参数方差分析——克鲁斯卡尔－沃利斯 H 检验。它与前面介绍过的曼－惠特尼 U 检验非常类似。

按照同样的方式，我们将所有动物按照从大到小的顺序排列成一排，并给它们分配等级。

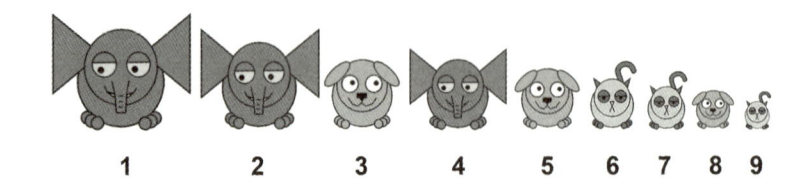

然后把它们按照物种分组，将组内的各个等级相加，并将各组的总和进行比较。总体逻辑是：总和的差值（秩和差异）越大，则拒绝原假设的概率就越大。而克鲁斯卡尔－沃利斯 H 系数正好反映了秩和差异。

1+2+4=7　　3+5+8=16　　6+7+9=22

总之，我们要记住，在使用任何一种统计算法得出结果之后，都必须找到与之对应的 p 值。这个 p 值表示体型大小和物种之间是否存在关系。

相当重要的知识！
多重比较问题

不幸的是，如果我们通过方差分析得到了

显著的结果，我们将无法判断，到底是大象和猫，还是大象和狗之间存在体型大小的差异。此外，我们不能只使用学生t检验来对它们进行两两比较。这个问题涉及概率论基础，这里我们不作详细介绍。只是需要注意，两两比较的方法会大大增加结论出错的可能性。这个棘手的问题被称为多重比较问题。

因此，为了进行此类多重比较，就必须使用后验标准（或事后检验）。

其中一种最简单的事后检验被称为邦费罗尼校正的学生t检验。邦费罗尼校正后的p值就是用p值（0.05）除以两两比较的次数。

$$\frac{0.05}{k}$$

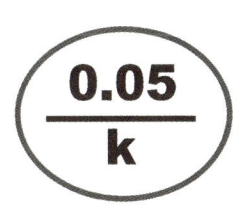

Критическое значение с поправкой Бонферрони
邦费罗尼校正后的p值

k = 3

如果比较对象是三种动物，那么就会进行三次两两比较（猫和狗，狗和大象，大象和猫）。而如果比较对象是四种动物，那么两两比较的次数就会增加到六次。相应地，校正后的p值即为0.05 / 6。

应用邦费罗尼校正之后再查看p值，如果它低于所得值，那么就表示狗和猫是不同的。反之，则表示它们之间没有差异。

除了邦费罗尼校正的学生t检验之外，还有至少17种其他的事后检验方法，适用于不同的情况。我们可以将它们分为两组。第一组适用于猫、狗和大象的方差没有差异的情况，而第二组则适用于方差存在差异的情况。其中，最受欢迎的事后检验方法如下所示。

Поправка Бонферрони 邦费罗尼校正	Критерий Тамхейна 塔姆黑尼检验
Критерий Шеффе 薛费检验	С-критерий Даннета 新复极差法检验
Критерий Тьюки 图基检验	Критерий Геймса-Хоуэлла 盖姆斯–豪厄尔检验

第六章
猫的饮食
——多变量方差分析

在上一章中，我们了解了如何通过方差分析的方法来确定动物的物种和体型大小之间的关系。然而，除了物种，还有其他一些因素也会影响到动物的体型大小，如饮食。

同样的饮食对猫、狗和大象产生的影响可能截然不同。比如，猫和狗非常喜欢肉食，而大象如果同样用肉食来投喂，它们则会非常抗拒，宁可忍饥挨饿也不会吃。

为了分析其他因素造成的影响，统计学家们就会使用多变量方差分析的方法。其中最简单的一种，就是双因素方差分析。它将方差分成四个部分：第一个部分负责分析物种对体型大小的影响，第二个部分负责分析饮食对体型大小的影响，第三个部分负责分析物种和饮食之间的相互作用，第四个部分负责分析其他各种因素的影响。

Общая дисперсия
总方差

我们对三个原假设进行检验：

1. 物种与体型大小无关。

2. 饮食与体型大小无关。

3. 饮食对所有动物的影响都一样。

相应地，每一个原假设都有自己的费歇尔检验准则。而且，和单因素方差分析一样，得到的 F 值越大，就表示这个因素对体型大小的影响越大。

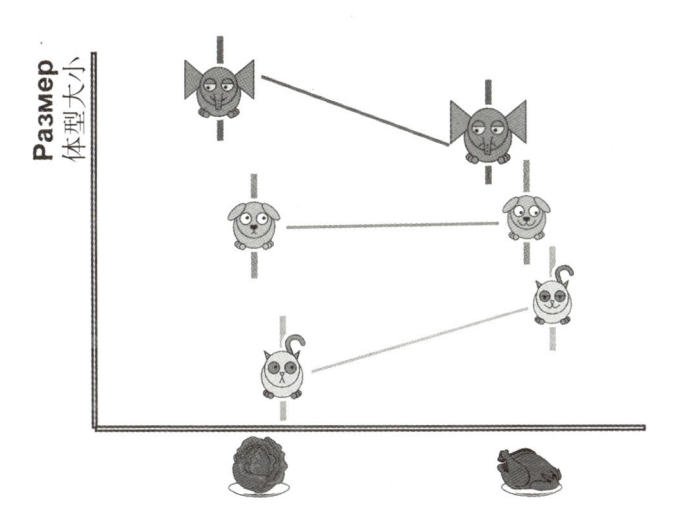

为了解释双因素方差分析的结果，最简单易懂的方法就是使用这种图表。它们既能反映出平均值和方差，又能反映出每个因素产生的影响，以及各个因素之间的相互作用。

以63页图为例，通过它，我们可以得出以下结论：

1. 平均而言，体型最大的动物是大象，而体型最小的动物是猫。

2. 饮食对动物的影响，因它们所属的物种不同而各不相同。猫作为一种天生的捕猎者，吃肉会长得更好；大象则正好相反，它们是素食动物；而对于狗来说吃肉吃素都可以。

3. 如果不考虑物种的影响，那么不同的饮食方式不会影响动物的平均体型。如果存在这种影响，那么猫、狗和大象吃肉会比吃卷心菜长得更大。

因此，所谓的多变量方差分析就是对三个及三个以上的因素以类似的方式进行方差分析，以检验每个因素的影响，并分析各个因素之间可能的相互作用。

相当重要的知识！
需要测量多少只猫？

通过前面的内容，我们在应用统计算法研究猫和其他动物的属性方面取得了相当大的进展。然而，还有另外一个非常重要的问题亟待解决：

为了得到可信度较高的结果，我们需要对多少只猫进行测量呢？

问题在于，如果测量的猫、狗和大象的数量太少，我们甚至可能都看不出明显的差异。比如，如果我们不小心选择了一些体型非常大的猫和一些体型非常小的大象作为样本，而样

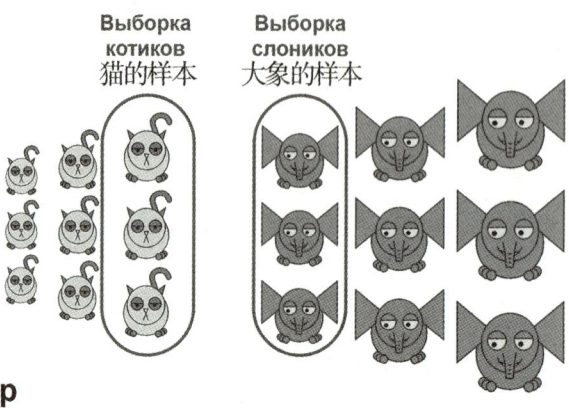

本数量又比较少,那么就有可能出现这种情况。

Выборка котиков
猫的样本

Выборка слоников
大象的样本

Размер
体型大小

同时,如果选择的样本数量过多,那么即便与原假设的偏差很小,也会得到非常显著的结果。

因此,样本数量不宜过多,也不宜过少。为了确定到底选择多少只猫作为样本最为合适,需要进行特殊计算。

最佳样本量取决于几个因素,其中最重要的是 p 值(通常为 0.05 或 0.01)和检验效能。所谓检验效能,指的是使用该检验方法在实际操作中发现显著差异的概率。通常认为，0.8是最佳的检验效能。也就是说，在剩下的20%情况下，不会得到显著的差异。

除了上述两个因素，决定最佳样本量的其他因素由检验方法的性质决定。

一些统计程序配有特殊的检验效能计算器。在选择完需要的检验方法之后，将p值设置为小于0.05，将检验效能设置为大于0.8，再进行一些附加操作，就可以得到需要测量的猫的数量。

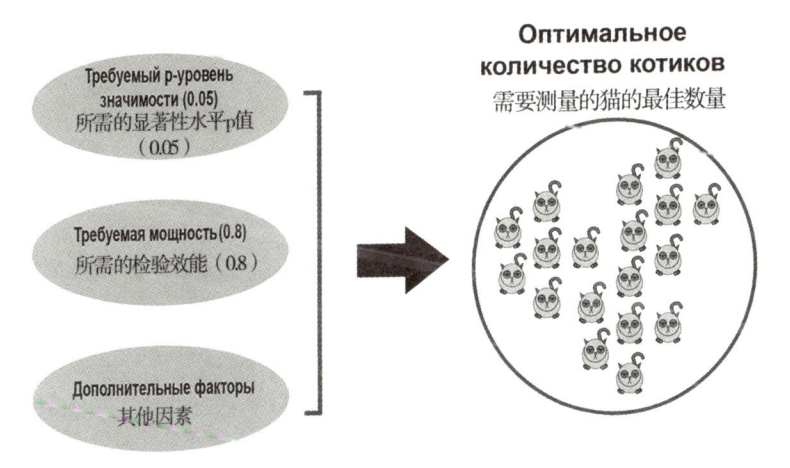

Требуемый p-уровень значимости (0.05)
所需的显著性水平p值（0.05）

Требуемая мощность (0.8)
所需的检验效能（0.8）

Дополнительные факторы
其他因素

Оптимальное количество котиков
需要测量的猫的最佳数量

第七章
如果猫生病了，应该怎么办
——相关样本的差异标准

如果猫生病了，那么当然要对它进行治疗。而且通常来说，我们需要进行药物治疗。但是，药物是一种很复杂的东西，它可能会让一些猫康复，也可能会对一些猫不产生任何作用（好的、坏的都没有），还可能会让一些猫的病情恶化。

因此，就出现这样一个问题：我们是否应该给生病的猫吃药？为了得出这个问题的答案，必须测量相关样本的差异。原假设是服药之后，猫的状况不会发生改变。

首先想到的方法就是计算服药之后康复的猫的数量和病情恶化的猫的数量，然后将这两个数量进行比较。其中，不受药物影响的猫通常不计算在内。

До
服药之前

После
服药之后

Нулевая гипотеза
原假设

这种检验方法是非常公平的，被称为符号检验。然而，在实际操作中这种方法很少使用，因为它不能准确地判断出猫的状况到底发生了多少改变。

-2   0   +3

在实际操作中，更常见的检验方法是前面提到过的学生t检验的变体——相关（相依）样本t检验。这个方法的总体逻辑也很简单。首先，计算每只猫在服药前后的状况差异。其次，再找到这些差异的平均值。

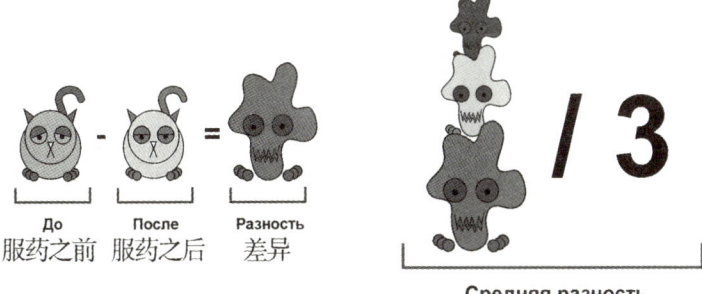

До	После	Разность
服药之前	服药之后	差异

Средняя разность
平均差异

/ 3

显然，这个平均值越大，就表示平均而言猫的改善或恶化的程度越大。

如果一半的猫病情改善，而另一半的猫病情恶化，那么得出的平均差异即为 0。

计算 t 值的最后一步，就是用平均差异除以该差异的标准误差。与正常的学生 t 检验一样，这个步骤对于将 t 值代入所需的标准维度相当必要。当然，这里的标准误差略有不同。

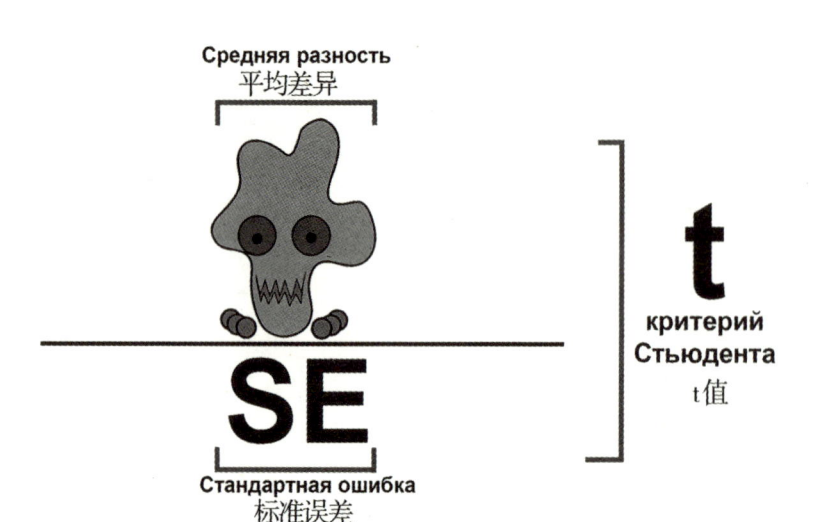

Средняя разность
平均差异

SE

Стандартная ошибка
标准误差

t
критерий Стьюдента
t值

　　但是，需要注意的是，由于这个检验方法是参数化的（在其计算公式中使用平均值），它对离群值的检验效果不佳。因此，如果遇到离群值，应该使用非参数检验——威尔科克森符号秩检验。这个检验方法类似于前面介绍过的曼－惠特尼U检验。

　　因此，为了进行威尔科克森符号秩检验，我们需要计算出猫在服药前后的状况差异（这个步骤与学生t检验一样）。然后，将这些差异按照从大到小的顺序排列，并给它们分配等级（不标注正负号）。

现在，再将这些差异分为正差异和负差异两组，并计算出每组等级数的总和（秩和）。总体逻辑是：秩和差异越大，就表示猫的改善或恶化的程度越大。

t 值可以通过查看非典型变化的秩和（猫状况的罕见变化），或者使用一个复杂的公式计算出来。这里我们不作更多介绍。

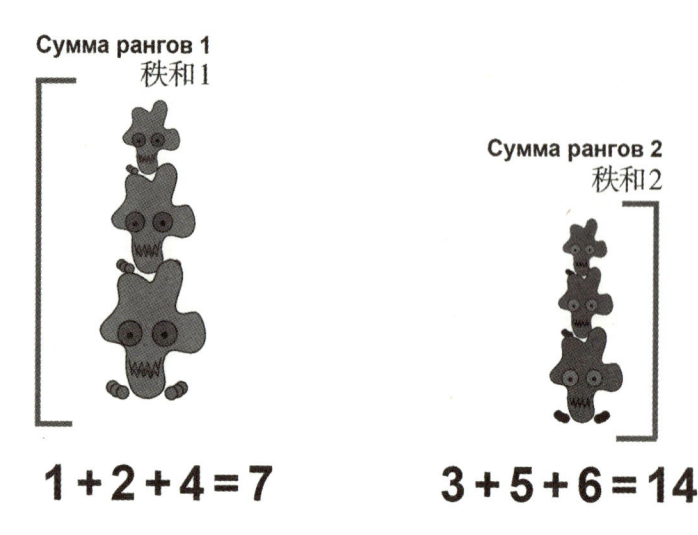

Сумма рангов 1
秩和1

Сумма рангов 2
秩和2

1 + 2 + 4 = 7   3 + 5 + 6 = 14

对于相关样本的检验，除了上述这些特别简单的方法之外，还有一种方差分析的变体。我们将在下一章中讨论。

相当重要的知识！
实验以及如何处理实验

通常来说，检验某种药物的效果比上面描述的要更复杂一些。

毕竟，有些猫是可以自然康复的。如果我们只是观察它们的病情如何变化，那么我们不能完全确定，究竟哪种因素对它们的影响更大——是药物，还是它们自身的免疫力。

为了确定哪种因素影响更大，需要借助一种特殊的程序，即实验。实验中，我们需要选择两组猫——实验组和对照组。我们对实验组的猫进行药物治疗，而对照组的猫则依靠自身免疫力等待自然康复。

ЭГ
Экспериментальная группа
实验组

КГ
Контрольная группа
对照组

针对这两组猫，我们对每一组分别进行两次测量：服药之前和服药之后。这样，我们就会得到四个测量值，然后通过差异度量来对它们进行比较。

第一步是在实验之前比较这两组猫。

为此，我们需要对非相关样本进行学生 t 检验或曼－惠特尼 U 检验。需要注意的是，这两组猫之间不应该存在明显差异。如果其中一组的猫更健康，那么这是非常糟糕的。因为如果这样，我们就无法准确判断药物的效果。

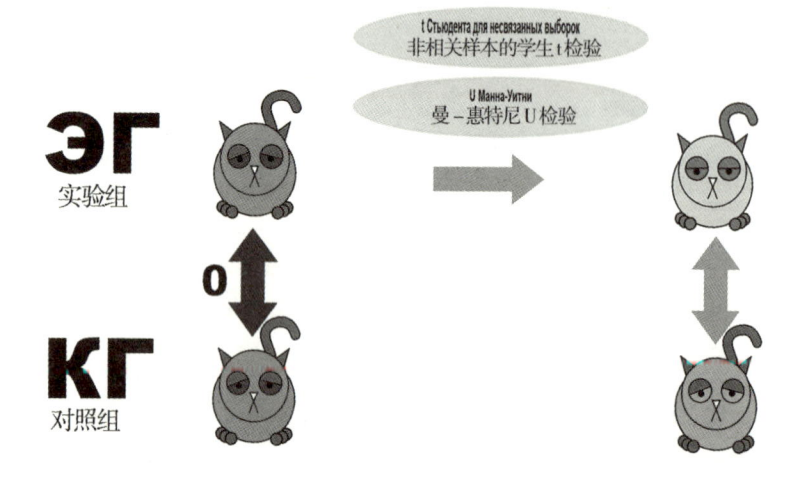

然后，通过学生 t 检验或威尔科克森符号秩检验对实验组服药之前和服药之后的状况进

行比较。如果服药前后的测量值存在差异，并且猫的状况有所改善，那么我们就取得了初步胜利。但是，也不要高兴得太早。毕竟，对照组很可能也会得出相同的结果。

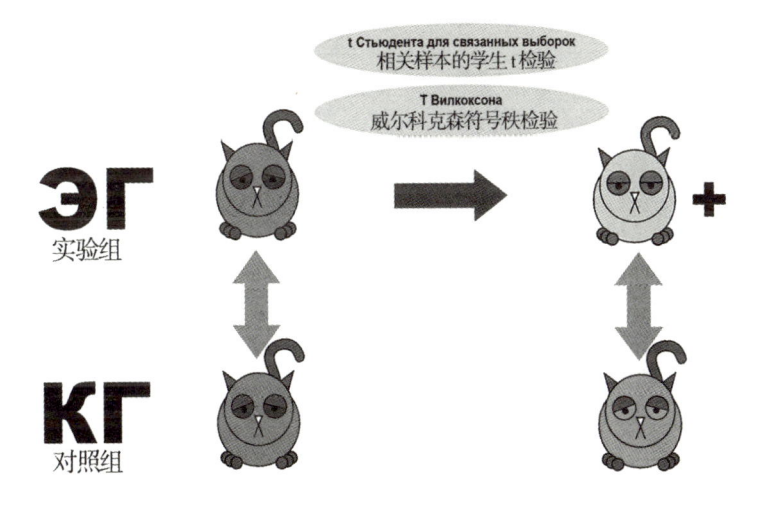

t Стьюдента для связанных выборок
相关样本的学生 t 检验

T Вилкоксона
威尔科克森符号秩检验

ЭГ
实验组

КГ
对照组

因此，最后一步就是对比实验组和对照组在服药前后的差异。如果两组数据存在差异，并且实验组比对照组的状况要好得多，那么就说明药物确实有效。

由此我们可以得出结论，只有在实验之前两组不存在任何差异，而在实验之后实验组比对照组的状况改善更多的情况下，才可以证明药物有效。如果出现其他结果，则表明药物无效，或者实验操作过程有问题。

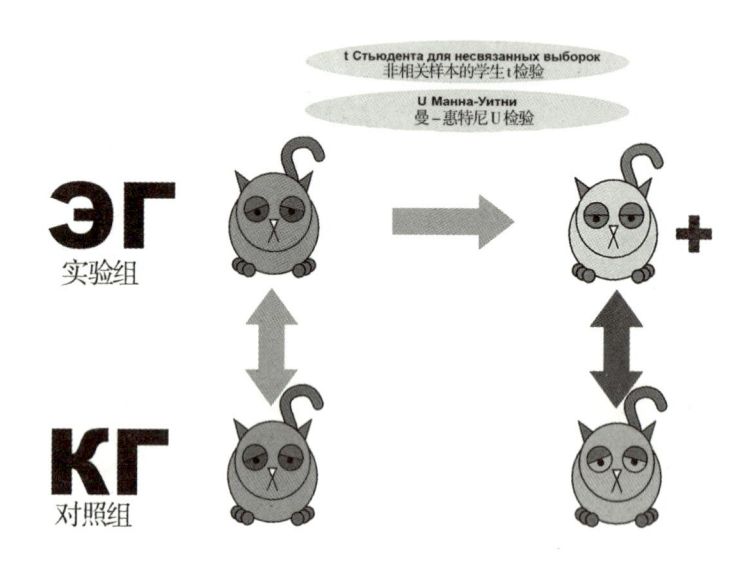

t Стьюдента для несвязанных выборок
非相关样本的学生t检验

U Манна-Уитни
曼-惠特尼U检验

ЭГ 实验组

КГ 对照组

特别要注意的是：由于我们通过三个检验方法来检验药物的有效性，因此这里出现了多重比较的问题。为了解决这个问题，需要应用邦费罗尼校正，并将显著性水平 p 值与 0.017 进行比较，而不是 0.05。否则，可能会导致结论出错。

Нулевая гипотеза
原假设

p<0.017

Альтернативная гипотеза
替代假设

为了解决这个问题，还有另外一种替代方案——使用重复测量的方差分析。我们将在下一章中讨论。

第八章
猫的治疗
——重复测量的方差分析

通过上一章的内容，我们知道了如何判断某种药物是否可以治疗生病的猫。但是有的情况下，猫可能病得很重，需要在诊所接受专门的治疗。而且，通常来说，这种专门的治疗是对猫进行定期测量，以实时监测猫的状况是否好转。

当测量次数较多（或者更确切地说，超过两次）时，就出现了多重比较的问题。关于这一问题，我们在前面反复讨论过。

简言之，如果将多次测量的结果进行两两比较，即第一个测量结果与第二个测量结果比较，第二个测量结果与第三个测量结果比较，以此类推。那么，得出错误结论的可能性就会大大增加。

与前面的情况一样，我们可以通过方差分析，或者更确切地说，通过它的特殊变体——重复测量的方差分析来解决这个问题。这种方法的原假设是：经过多次测量，猫的状况没有改变。

Нулевая гипотеза
原假设

当我们进行最简单的一种重复测量的方差分

析时，操作方法与普通的方差分析大致相同：我们将方差分成两部分。

第一个部分是由于治疗的影响（组间方差），第二个部分由于其他因素（组内方差）。

但是，与普通的方差分析不同，重复测量的方差分析是针对同一群猫进行测量。换言之，每只猫都会被测量多次，由此得出总方差。因此，我们可以将方差分为三个部分：组间方差、组内方差、组内个体间的方差。

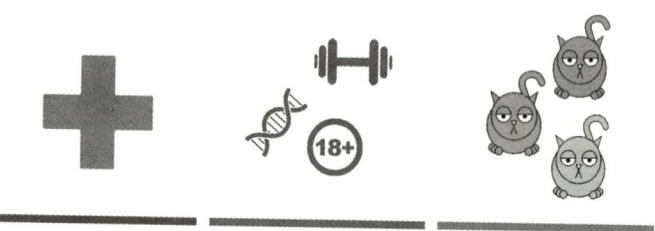

Общая дисперсия
总方差

费歇尔 F 检验只用于比较组间方差和组内方差。F 值越大，就表示拒绝原假设的概率越大。

如果拒绝原假设,那么需要使用特殊的后验标准(或事后检验)进行两两比较。

F Фишера
费歇尔F检验

重复测量的方差分析有一种非参数替代方法——弗里德曼检验。如果测量数据存在离群值和/或非正态分布,就需要使用这种检验方法。

这个检验方法的总体逻辑很简单。我们以其中一只猫为例,从它身上提取三个分析样本,并给它们分配等级。其中,等级为1表示最差,等级为3表示最好。然后,我们再通过同样的方式对其余的猫进行测试,测试结果汇总如下:

显然，如果所有的猫都是第一个样本最差，而最后一个样本最好，那么总秩和将相差很大。因此，原假设将被拒绝。反之，当所有样本中的秩和相同时，则表示治疗对猫没有效果。

	1	2	3
🐱	1	2	3
🐱	2	3	1
🐱	3	1	2
Σ	6	6	6

通过弗里德曼检验，我们可以确定，这些秩和之间的差异有多大。

相当重要的知识！
复杂的实验

前面我们研究了如何针对两组对象（实验组和对照组）进行两次测量（服药前后）的简单实验。但是，如果实验组更多，测量次数更多，我们的任务就会变得更加复杂。

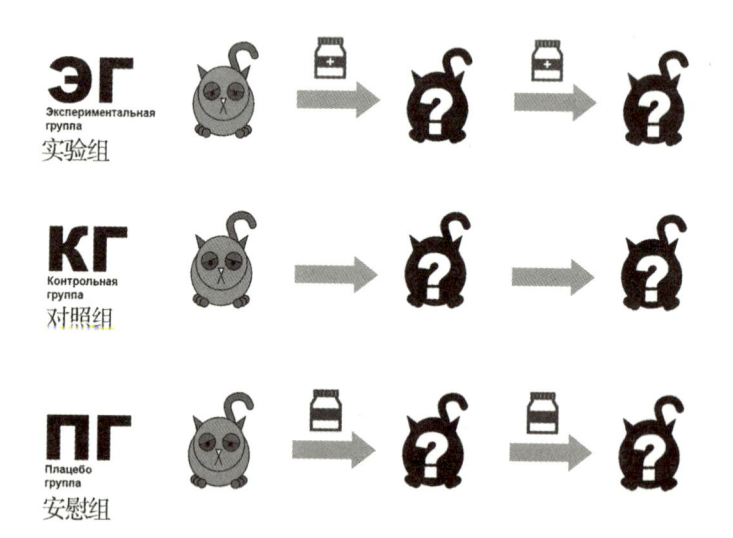

ЭГ Экспериментальная группа
实验组

КГ Контрольная группа
对照组

ПГ Плацебо группа
安慰组

比如，我们将被测量的猫分成三组：第一组猫（实验组）服药，第二组猫（对照组）不服药，而对于第三组猫（安慰组），我们给它们服用安慰剂。

针对这三组猫，每一组都测量三次：治疗开始、治疗中期和治疗结束。

为了分析研究结果，我们需要进行重复测量的双向方差分析。与普通的双向方差分析一样，最简单易懂的解释方法就是使用图表。

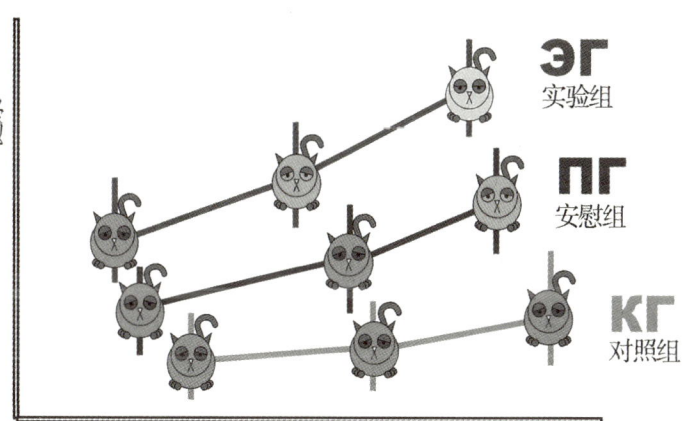

通过上面这张图，我们可以看到实验组的猫完全康复了，安慰组的猫好了一点，而对照组的猫没有好转。除此之外，实验开始前各组猫之间的细微差别也可能会影响到我们的结果。

顺便说一下，为了对各组在不同时间的差异进行两两比较，也需要进行事后检验，特别是邦费罗尼校正。

第九章
如何让猫开心
——相关分析基础

毋庸置疑，我们都希望自己的猫开心，因此我们会不断地取悦它们。然而，不同的猫喜欢不同的东西：一些猫喜欢吃好吃的，一些猫喜欢玩，一些猫最大的快乐就是在它主人心爱的沙发上磨爪子。

当然，也有一些普遍的东西能让大多数的猫都开心，这能让我们少操很多心。

那么在本章中，为了找到能让大多数猫都

开心的东西，我们将使用一种特别的方法——相关分析。

假设，我们决定检验猫的幸福感与每天食物的分量是否相关。如果充足的食物能够让猫开心，那么它们之间的相关性就可以通过这张图展现出来。

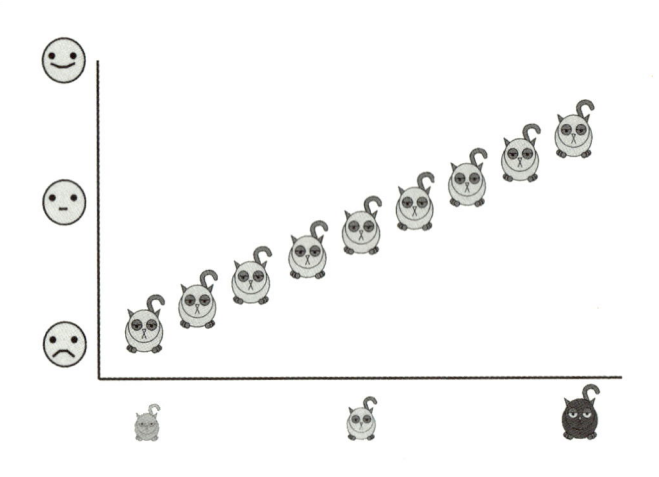

图中所示的相关性被称为线性正相关。反之（虽然不太可能），则表示猫是健康禁食的拥护者——给它们提供的食物分量越多，它们就越不开心，这种相关性被称为线性负相关。

最后，还有另外一种情况，就是猫根本不在乎食物的分量有多大，而是在乎食物是否美味。在这种情况下，如图所示，我们可以观察到，食物的分量与猫的幸福感之间没有相关性（或零相关）。

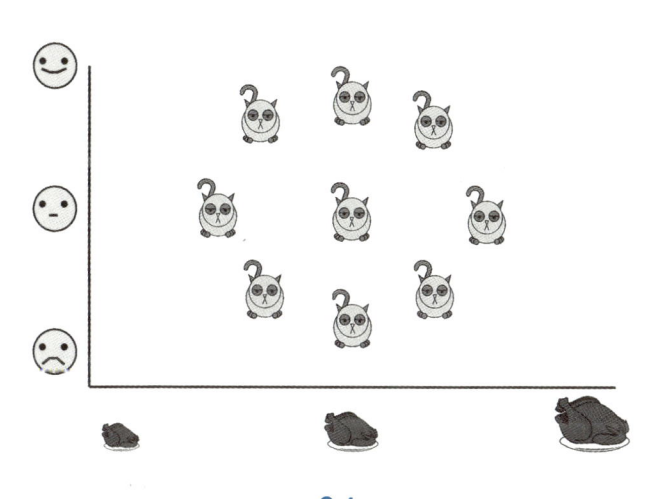

然而，在现实生活中，我们很少遇到类似的情况：通常来说，它们之间总是存在一定的相关性。

因此，我们需要一个衡量标准：既可以让我们评估猫的幸福感与食物分量之间存在多大的相关性，又可以让我们判断出这种相关性是正向相关还是负向相关。

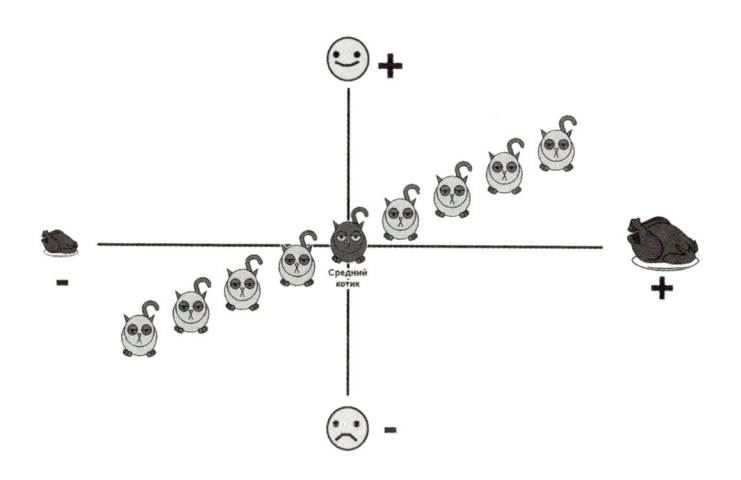

为了得到这个衡量标准，我们将使用一种巧妙的方法。首先，假设相关性是线性正相关。然后，计算食物分量和幸福感的算术平均值，并将它们设为图表的零点。

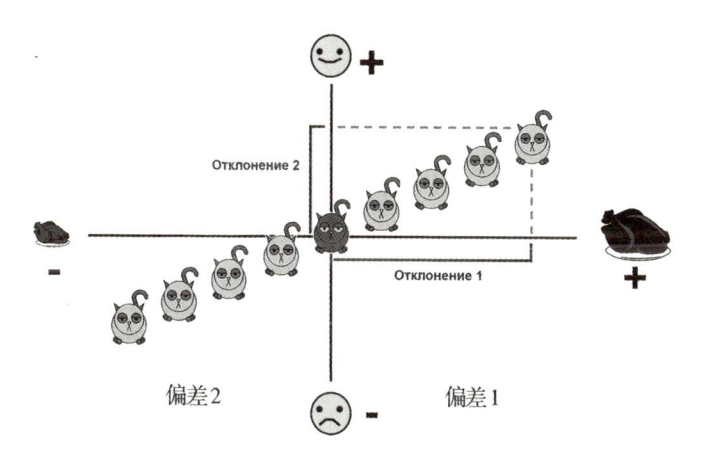

之后，我们可以看到，有些猫比平均值开

心，得到的食物分量也比平均值多；而另一些猫没有平均值开心，得到的食物分量也比平均值少。

对于前者，也就是比平均值更开心、食物分量更多的猫来说，幸福感与平均值的偏差，以及食物分量与平均值的偏差均为正数；而对于后者，也就是比平均值更不开心、食物分量更少的猫来说，这两个偏差均为负数。如果选择其中任意一只猫（我们称它为"巴斯克"），并将它的两个偏差相乘，那么结果肯定是正数。这是因为，正数乘以正数等于正数，负数乘以负数也等于正数。

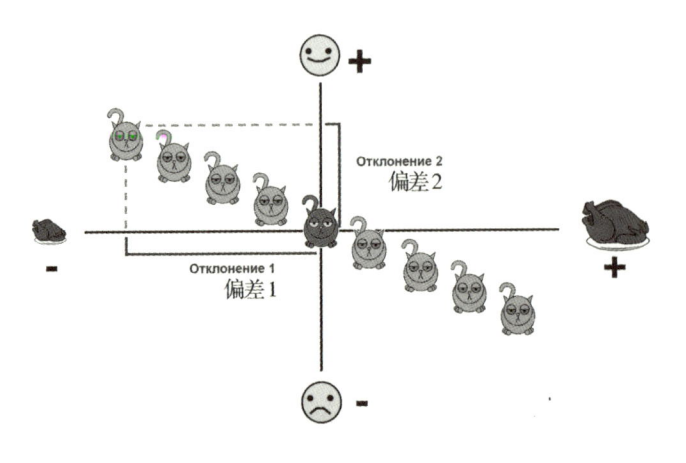

现在，假设一下相反的情况：食物分量越多，猫就越不开心（我们将这种猫的典型代表称为"穆尔齐克"）。在这种情况下，我们也是将猫分成两组进行观察：食物分量多却不开心的猫、食物分量少却开心的猫。但是，无论是对于这两组的哪一组来说，都是其中一个偏差是正数，而另一个偏差是负数。正如我们所知，正数乘以负数等于负数。因此，将这种猫的两个偏差相乘，结果肯定是负数。

换句话说，我们可以将偏差乘积的符号作为衡量标准。如果乘积为正数，则表示猫是巴斯克，这种猫会因为食物分量的增多而更加开心；反之，如果乘积为负数，则表示猫是穆尔齐克，这种猫会因为食物分量的增多而变得不开心。

因此，我们就可以通过简单地将所得乘积相加，来判断其中哪种猫对观察到的数据影响更大。如果结果是正数，则表示巴斯克的影响更大，也就是相关性为线性正相关。如果结果是负数，则表示穆尔齐克的影响更大，也就是相关性为线性负相关。如果结果接近于零，则表示巴斯克和穆尔齐克的影响不相上下，也就是相关性为零相关。

然后，通过一些简单的转换，将结果代入所需的维度，我们就能得到皮尔森相关系数(或皮尔逊积矩相关系数）。它的取值范围 r 在 −1 到 +1 之间，−1 代表负相关，+1 代表正相关，而 0 则代表不存在相关关系。

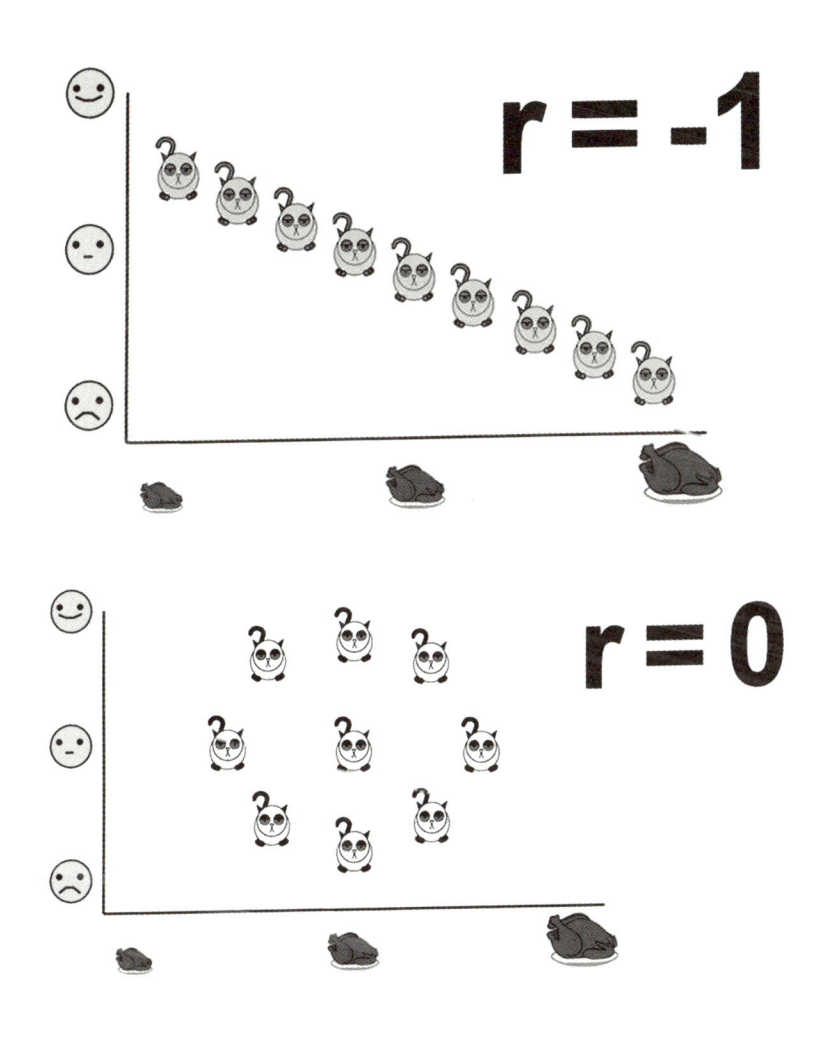

皮尔森相关系数的原假设是不存在相关关系，替代假设是存在相关关系（无论是正相关还是负相关都可以）。如果相关系数足够大，

那么我们拒绝原假设，而支持替代假设。

皮尔森相关系数作为一种参数检验方法（在计算公式中使用平均值），它的最大问题是对于离群值和非正态分布非常敏感。因此，它有一种非参数替代方法——斯皮尔曼相关系数。

为了得到斯皮尔曼相关系数，我们需要将猫按照从最开心到最不开心的顺序排列成一排，并给它们分配等级。然后，我们再按照食物分量从多到少的顺序将它们排列成一行，并给它们分配等级。如果这两个排名的结果一致，则表示幸福感和食物分量是正相关的；如果它们正好相反，则表示幸福感和食物分量是负相关的。

通过特殊的计算公式对猫进行排名，我们就可以得到斯皮尔曼相关系数。它的解释方式类似于皮尔森相关系数。

通常，在进行相关分析时，我们会同时分

析多个变量。因此，我们会获得所谓的相关矩阵。相关矩阵中包含所有得到的相关系数。

Положительная связь
正相关

Отрицательная связь
负相关

为了确定幸福感与哪些变量存在相关关系，我们只需要找到相应的列，然后查看这些系数中哪些最显著就可以了。

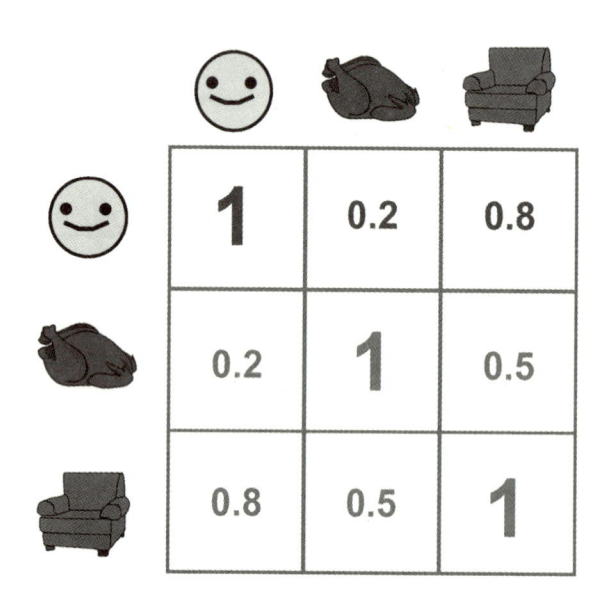

	😊	🦃	🛋
😊	1	0.2	0.8
🦃	0.2	1	0.5
🛋	0.8	0.5	1

唯一的问题是，如果同时找到几个相关系数，那么就又出现多重比较的问题了。为了解决这个问题，我们同样可以应用邦费罗尼校正：用p值的临界值（0.05）除以计算标准的数量（如我们的实验中计算标准的数量为3），并

将p值与结果值（0.017）进行比较。

不足之处是，通过相关分析，我们只能知道哪些因素与幸福感之间存在相关关系，但却不能准确地计算出某个因素对幸福感的影响到底有多大。因此，为了解决这个问题，我们需要使用更有效的方法。具体内容我们将在下一章中讨论。

相当重要的知识！
相关性可能具有欺骗性

在进行相关分析时，需要记住：很高的相关系数并不一定表明变量之间存在很大的相关性。比如，假设我们发现猫的体型大小和情绪状态之间存在相关关系。换句话说，猫的体型越大，它就越开心。

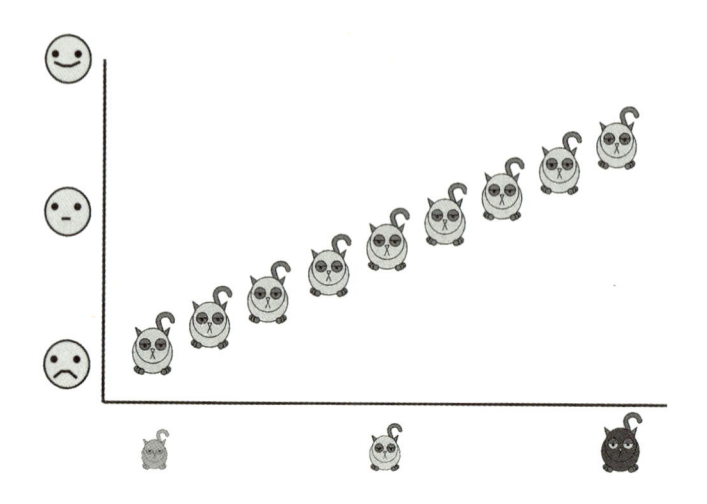

那么，下面的假设在理论上是相等的：

1. 体型大的猫在生活中可以更好地实现自我，因此更开心。

2. 开心的心情会刺激生长激素大量分泌，从而使猫的体型变大。

3. 还有一些第三变量也会影响幸福感和体型大小，如猫粮的质量和数量。

4. 这只是个巧合。

为了确定这些假设中哪一个是正确的，我们需要进行实验，这在前面的章节中已经讨论过。

第十章
幸福感的公式
——回归分析基础

通过上一章的学习，我们了解了如何确定什么因素能够让猫开心。为了达到这个目的，需要使用相关分析。但是，相关系数只能让我们了解变量之间是否存在相关关系，以及这种关系是正相关还是负相关。但是，它不能让我们确定一个变量在另一个变量的影响下到底发生了多大的变化。下面，我们举例说明。

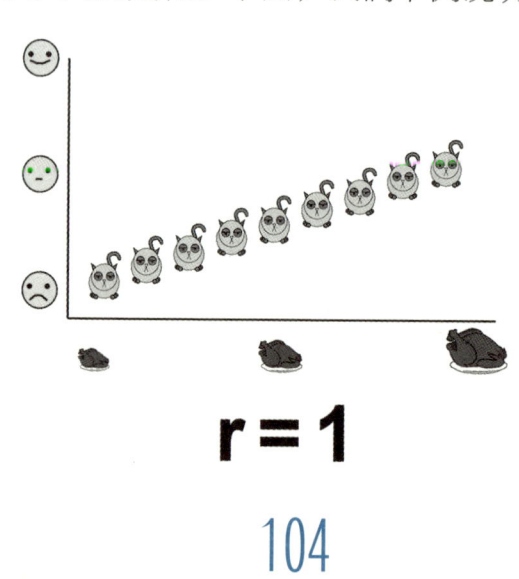

$r = 1$

r = 1

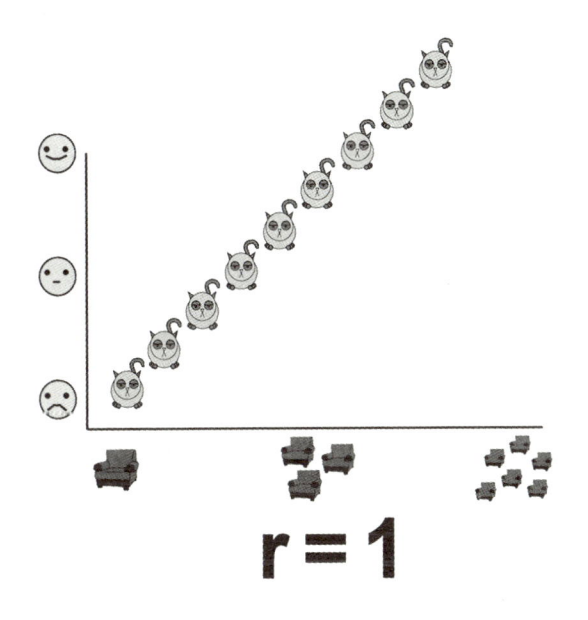

可以看到，上面两张图都呈现线性正相关。并且，相关系数均为 +1。但是，很明显，对于猫来说，在沙发上磨爪子比增加食物分量更开心。为了描述这种差异，在数学上使用系数 b_1。系数 b_1 是猫的这条线与水平轴 x 轴夹角的正切值。系数 b_1 越大，就表示幸福感提升越大。

也可以这样说：食物分量每增加一个单位，猫的幸福感就会提高 b_1。

$$b_1 = \frac{y}{x}$$

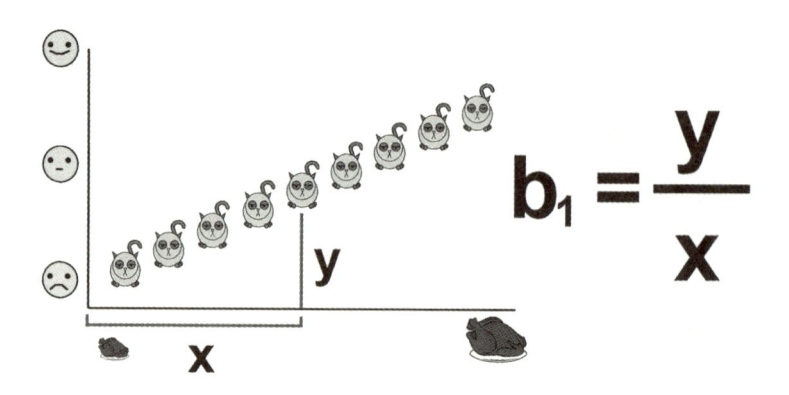

还有一种描述这种差异的数值被称为系数 b_0，它表示猫在完全不进食的情况下幸福感是多少。

因此，食物分量和猫的幸福感之间的线性

关系可以通过下面这个简单的公式来表示。

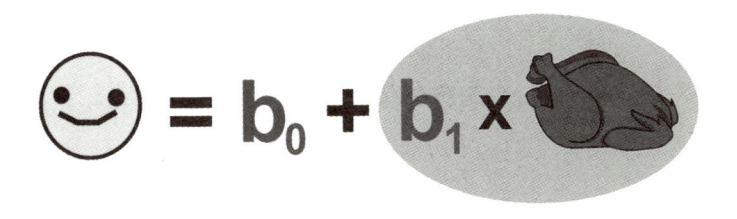

$$☺ = b_0 + b_1 \times 🍗$$

然而，实际存在的关系很少是一条规整的直线。更多的情况下，它的形状类似于黄瓜，或者在更复杂的情况下，类似于牛油果。但是，描述非直线的关系是相当困难的。因此，统计学家们发明了一种特殊的方法，可以让我们在数据丢失最少的前提下，使用直线来代替复杂的形状。

Регрессионная прямая 回归直线

这种方法被称为回归分析。它的结果通常用一个与上面列出的公式相类似的公式来表示。

下面，让我们了解一下如何进行回归分析。假设，通过回归分析，我们得到了下面这条回归直线，而我们的老朋友巴斯克就站在离这条直线不远的地方。通过下图，我们可以发现，巴斯克的幸福感低于与它的食物分量相对应的幸福感。而这种差异被称为残差。

现在，让我们想象一下：如果巴斯克相对

于回归直线移动，那么，它距离回归直线越远，残差就越大；而它越靠近回归直线，残差就越小。最后，如果巴斯克就站在这条直线上，那么残差即为零。

我们再想象一下，如果我们观察的不只是巴斯克，而是好多只猫。如果它们全都站在回归直线上，那么它们的总残差也是零。而如果它们离回归直线越来越远，那么总残差也会相应增加。

总体逻辑就是这样：为了得到总残差，我们只需要将每只猫的个体残差相加（嗯，听起来有点令人毛骨悚然）。但是，因为这些个体残差既可以是正数，也可以是负数（有些猫的幸福感可能会比正常值更高，对吧？），所以这样简单相加的结果可能没有任何意义（前面我们计算标准差时也遇到过类似的情况）。因此，为了消除负值影响，我们将每只猫的残差的平方相加。

得到的总和越大，就表示相关关系越不接近于一条直线。而回归分析的本质就是选择一条恰当的直线，使总残差的数值最小。

现在我们就来聊一聊，为什么回归分析被认为是最有效的统计方法之一。原因在于，它能够同时处理大量变量。如果对猫进行一次全面的测量，找出能让它们开心的东西，并通过回归分析来运行这些数据，就能得到一个真正的让猫开心的公式。

通过这个公式，可以找出哪些因素对猫的幸福感影响最大，并根据计算结果预测出其中任意一只猫的幸福感。

$$☺ = b_0 + b_1 \times 🦃 + b_2 \times 🪑 + b_3 \times 🧶$$

但是，这里需要注意的是：如果计算出了这个公式，并不代表等号右边是原因，而等号左边是结果。毕竟，食物会让猫开心，反之亦然——开心也会带来更好的食欲。

除了得到这个公式之外，我们还可以知道，公式中是否可以添加其他变量。而为了解决这个问题，需要使用决定系数 R_2。

决定系数 R_2 的取值在 0 到 1 之间。越接近于 1，说明该公式对测量数据的解释程度越高。而越接近于 0，说明需要找到其他与猫的幸福感相关的变量。

相当重要的知识!
非线性回归

通常来说,变量之间的关系并不总是线性的。比如,存在一个临界点:在此之后,猫会因为吃过多的食物而感到不适;而在此之前,每多吃一点食物,猫就会更开心。

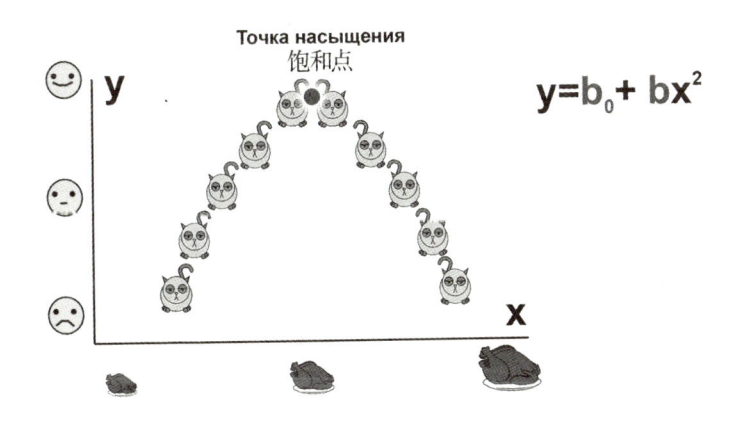

Точка насыщения
饱和点

$y = b_0 + bx^2$

这种关系可以用中学学过的二次方程(或者数学家们所说的多项式方程)来描述。我们可以采用多项式回归方法来建立这样的方程。

首先，需要绘制散点图来判断这种方法或与之类似的其他方法的可行性。除了线性关系和多项式关系之外，还可能存在如下图所示的关系。

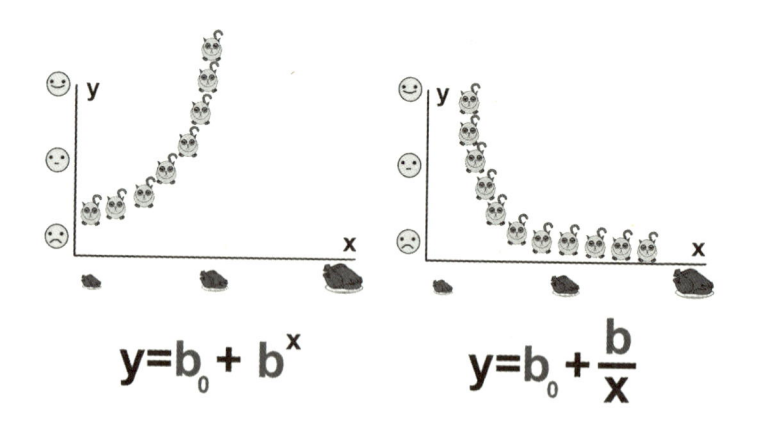

$$y = b_0 + b^x \qquad y = b_0 + \frac{b}{x}$$

如果关系的表现形态与这两张图类似，那么需要找到合适的回归分析方法。或者，也可以转换其中一个变量，将非线性关系转换成线性关系，这样就可以用线性回归的方法进行分析了。

第十一章
猫是开心的还是不开心的
——逻辑回归与判别分析

通过上一章的学习,我们了解了如何使用线性回归来判断某些因素对猫的幸福感的影响程度。然而,回归分析存在明显的局限性——幸福感必须使用某种设备或仪器来准确测量。不幸的是,我们通常没有这样的设备。我们能做的最多的就是估测猫是开心的还是不开心的。

那么，在这种情况下，我们还可以找到猫的幸福感的决定因素吗？

当然可以。针对这种情况，有两个很好的方法——逻辑回归和判别分析。

逻辑回归类似于线性回归。但是，等号左边不是幸福感，而是一个数值，表示猫开心的概率。这个数值被称为对数几率。

"几率"这个词语在俄语中经常出现，通常表示无论如何都不应该错过的东西。

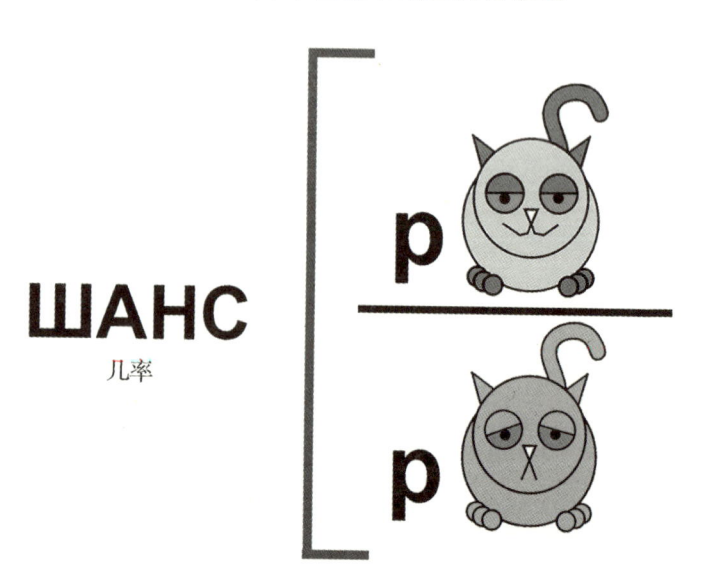

ШАНС
几率

但从统计学的角度来说，几率是用猫开心的概率除以它不开心的概率。

由于某些数学原因，需要将几率取自然对数之后再代入回归公式。如果几率的对数是正数，则表示这只猫是开心的，如果是负数，则表示它不开心。

另外一种方法是判别分析。为了弄清楚它是怎样应用的，让我们观察下面这张图。

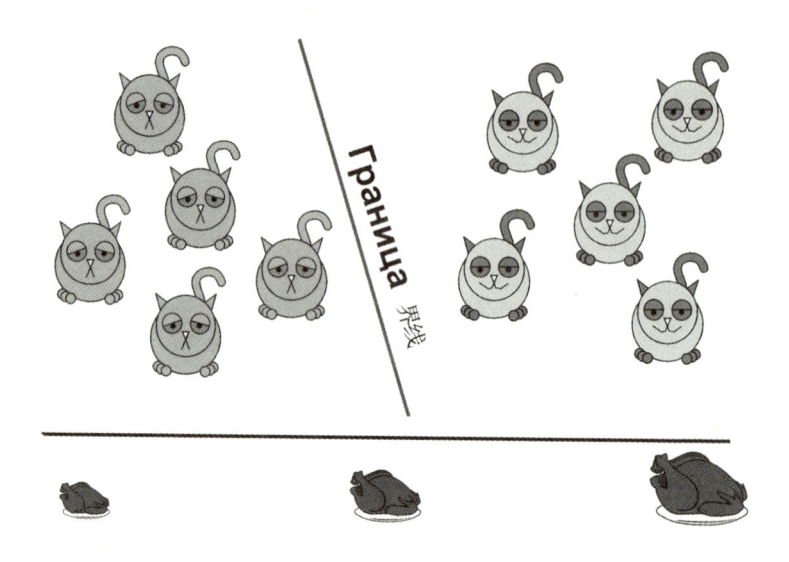

图上显示的是开心的猫（巴斯克）和不开心的猫（穆尔齐克），以及它们分别有几只。显然，相较于穆尔齐克，巴斯克总体上吃得更多。因此，我们可以根据食物分量这一因素给它们画出界线。如果可以画出这样一条界线，我们就可以得出结论，该因素与猫的幸福感有关。反之，则会出现下图所示的样子。

我们不可能画出这样一条界线，使所有的巴斯克在其一侧，而穆尔齐克在另一侧。因此，在这种情况下，说明食物的分量与猫的幸福感无关。

找到这种界线的算法被称为判别分析，而设置这种界线的公式被称为判别函数。通过判别分析，我们可以得到一个表格，上面显示根据哪些因素能够画出清晰的界线，而哪些不能。

判别分析也能够应用于多组分析的情况。比如，如果除了巴斯克和穆尔齐克之外，样本中又添加了第三种猫，我们也可以通过判别分析，找到它们之间的界线。界线的数量总是用样本组的数量减去 1。

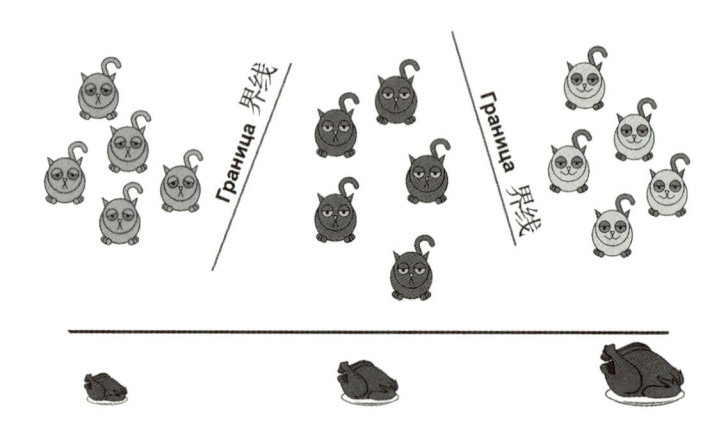

如果你是回归分析的爱好者，那么可以使用多组样本计算出所谓的多元回归。

相当重要的知识！
多重共线性与过拟合

逻辑回归和判别分析存在两个问题，可能会严重影响结论的准确性。

第一个问题是多重共线性。当某些因素之间存在强相关性时，可能会出现该问题，导致分析结果不稳定。它体现为以下两种形式：

1. 当样本中只添加一只或两只猫时，公式可能会改得面目全非。

2. 基于两组相似的猫样本得到的公式可能会有所不同。

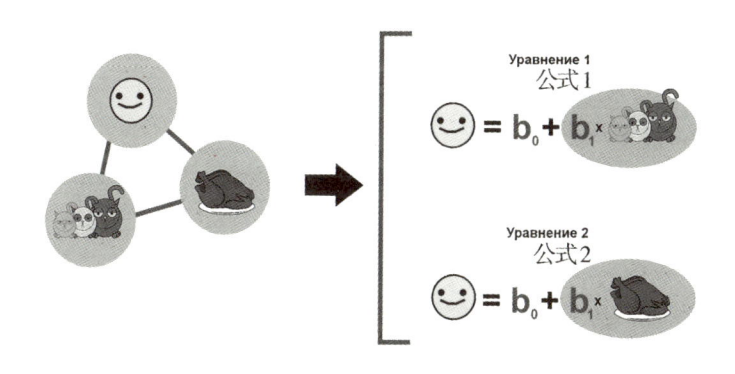

通常，可以通过以下三种方法来克服上面第一个问题：

1. 从分析中去掉一个相关变量。

2. 初步进行因素分析（我们将在后面讨论这个概念），将强相关的变量转换成一个虚拟变量添加到回归中。

3. 进行逐步回归分析。所谓逐步，就是将变量逐个引入公式，每引入一个变量，立即重新计算其他变量的贡献。

第二个问题是过拟合——基于一部分猫得到的公式可能不适用于其他的猫。之所以出现这种情况，是因为在你选择的猫样本中，可能存在一定的规律，但是这种规律并不适用于所有的猫。

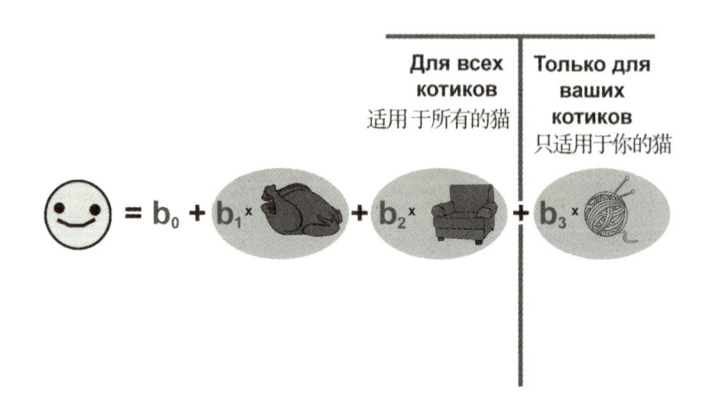

$$☺ = b_0 + b_1^x \text{🦃} + b_2^x \text{🛋} \mid + b_3^x \text{🧶}$$

Для всех котиков
适用于所有的猫

Только для ваших котиков
只适用于你的猫

为了防止过拟合，我们可以使用一些标准，人为地限制公式中包括的因素数量（如赤池信息准则和贝叶斯信息标准）。

第十二章
猫的模拟装置
——数学建模基础

在前面的内容中,我们详细讨论了回归分析方法。通过回归分析,我们可以建立公式,来描述不同事物如何影响猫的心情。这种公式被称为数学模型。

所谓数学模型,就是猫的一种模拟装置。借助它,我们可以在不进行实验的情况下研究猫的行为。

$y=b_0+b_1x$

通常来说,这种方法大大降低了研究成本。

数学模型分为功能模型和结构模型。功能模型描述的是外部因素对猫的状况的影响。顺便说一下,回归公式就是一种功能模型,比如我们前面已经讨论过的猫的幸福感模型。

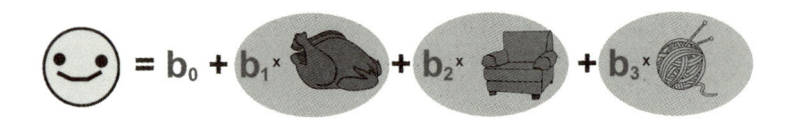

$\odot = b_0 + b_1^x$ 🐟 $+ b_2^x$ 🛋 $+ b_3^x$ 🧶

功能模型的特点是我们不需要详细研究组成幸福感的各个部分。幸福感对我们来说是一个整体,一个可以改变(增加或减少)的目标变量。而结构模型描述的正是它的组成部分:从满足猫的基本需求到猫的自我实现。

通常来说,功能模型需要通过公式来建立。而结构模型的建立方法非常多样化:表格、流程图等。

所有的数学模型都是分两个阶段建立的。

第一阶段，我们需要弄清楚原则上哪些因素会影响猫的幸福感，或者幸福感由哪些部分组成。此步骤也被称为创建内容模型。

第二阶段，我们需要收集真实数据，并进行数学处理。此步骤也被称为创建正式模型。正式模型已经可以用作猫的模拟装置。通过更改此模型的各种参数，我们就可以了解猫的感受，无须进行实验。

相当重要的知识！
数学模型的分类

除了功能模型和结构模型的分类方法之外，其他几种分类方法也很常见，尤其是静态模型和动态模型。前者描述的是猫在某个特定时刻的状况，而后者将注意力放在猫经历的变化上。

Статические модели
静态模型

Динамические модели
动态模型

此外，数学模型还可以分为线性模型和非线性模型。线性模型只能处理具有线性关系的数据（关于这个问题我们在相关分析和回归分析的章节详细讨论过），而非线性模型可以处理具有非线性关系的数据。

比如，多项式回归。

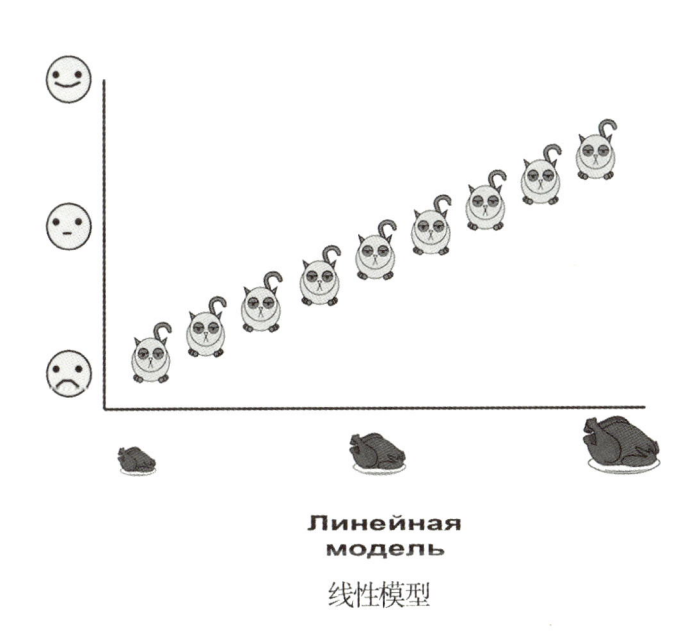

Линейная модель
线性模型

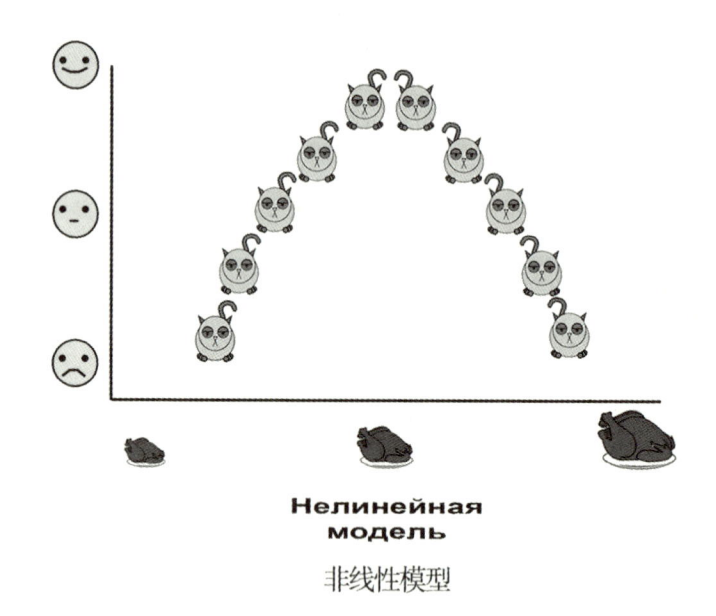

Нелинейная модель

非线性模型

另外，模型还可以分为连续模型和离散模型。连续模型的特点是它的所有变量都可以取无限个数值。比如猫的体型大小，以厘米为单位，我们既可以说它是 62 厘米，也可以说它是 62.513987 厘米。甚至，还可以说得更精确。如果通过这种变量来度量猫的状况，那么需要建立线性回归模型。

而对于离散模型来说,变量的取值数目是有限的。比如,同样是描述猫的体型大小,但是只用三个值:小、中、大。

Непрерывная модель
连续模型

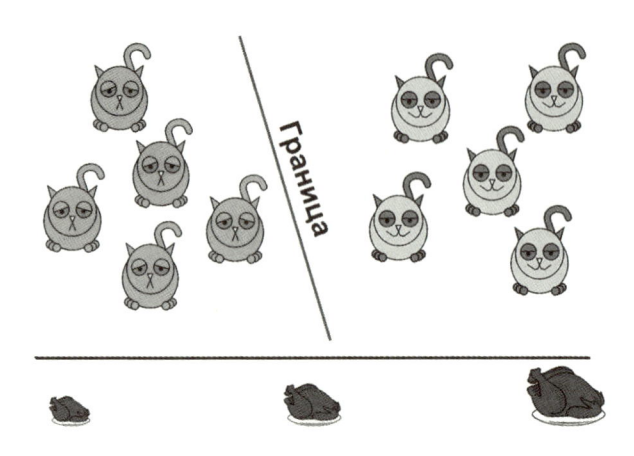

Дискретная модель
离散模型

通过逻辑回归和判别分析，我们可以建立离散变量模型。

然而在实践中，大部分的模型都是混合类型的——既包含离散变量，又包含连续变量；或者既包含线性关系，又包含非线性关系。

第十三章
猫的种类
——聚类分析基础

经过前面的学习，我们知道了如何确定可以让猫开心的因素。这一问题的解决需要借助逻辑回归和判别分析。通过了解这些因素的值，我们可以预测任意一只猫开心还是不开心。换句话说，我们可以将猫分成不同等级，即将它们分类。

一般来说，分类这个问题对于所有研究猫的学科来说都非常重要。但是很多时候，我们甚至不知道应该将猫分成哪些种类。毕竟，猫与猫之间是非常不同的。因此，有一些方法既可以将猫分成若干类，又可以保证各类之间差异最大化。这些方法统称为聚类分析。

在进行聚类分析时，我们可能会遇到两种情况。第一种情况是我们知道应该将猫分成几类，但不知道具体每一类的分布情况。第二种情况是不知道应该将猫分成几类。现在，我们从第二种情况开始分析。

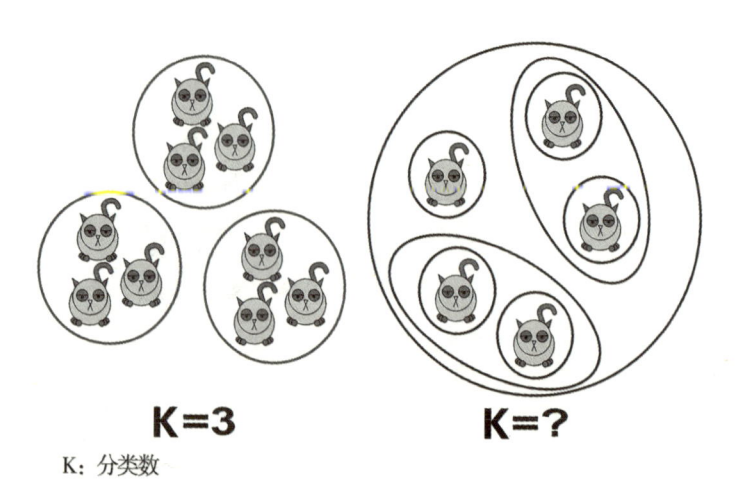

K=3　　　　　K=?

K：分类数

举一个最简单的例子。假设，我们想根据猫的体型大小对其进行分类。显然，两只猫彼此越相似，它们就越有可能属于同一类。为了确定相似度，只需要找到它们体型之间的差异即可。差异越小，这两只猫就越相似。

Разность
差异

Мурзик
穆尔齐克

Барсик
巴斯克

因此，我们需要计算猫的体型大小之间所有可能的差异，将最相似的两只猫组合成一类（或集群）。然后，再次计算差异，将最相似的类别合并。以此类推，直到我们将所有的猫都合并成一个大集群。

这种算法属于层次聚类的一种。层次聚类的方法有很多，但是无论哪种方法，都具有以下属性：

1. 这些方法可以同时处理多个变量。比如，可以同时处理体型大小、毛发密度、爪子长度和猫的其他特征。

2. 根据这些特征，可以计算猫的相似度（更常用的是"距离"这一术语）。

3. 逐步将猫合并成类。可以按照前面描述的方法（层次聚类），也可以按照其他方法。

4.最后，我们就会得到一个树状图。通过树状图，我们可以确定猫分为哪些种类，以及每一类都有哪些猫。唯一的问题是，如果猫的数量非常多，那么想要构建这样一个树状图是相当困难的。

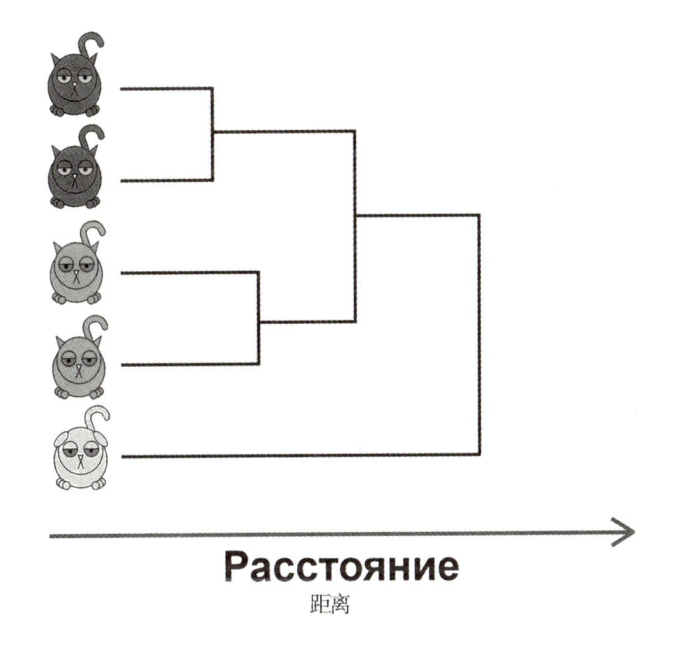

Расстояние
距离

回顾一下，当我们不知道应该将猫分成几类时，需要借助层次聚类分析。

而当我们知道应该将猫分成几类时，使用 K 均值聚类算法更合适。

这个算法的逻辑很简单。假设，我们猜想所有的猫按照体型大小可以分为三类。每一类都有自己的代表，它具有这一种类最为典型的体型大小。那么，这种典型的猫就被称为质心。而 K 均值聚类算法的核心任务就是准确找出这些质心的体型大小。

Центроид
质心

Центроид
质心

Центроид
质心

K 均值聚类算法的步骤如下。

第一步，随机选择质心。

第二步，计算每只猫到每个质心的距离。

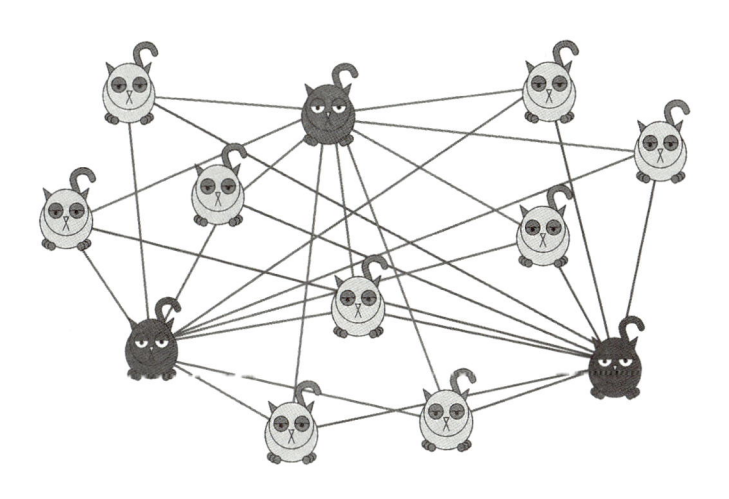

第三步，确定每只猫与哪个质心属于一类。换句话说，就是看这只猫与哪个质心的距离更近。

第四步，计算每一类猫的平均体型，并将质心移至该平均值。

然后，从第二步开始重复该算法。这样做是因为随着质心的移动，一些猫可能会从一类转移到另一类，相应地，质心的位置也会发生变化。

按照这个步骤不断重复，直到质心的位置不再移动。

以下两点非常重要。首先，K 均值聚类算法可以同时处理多个变量。因此，与层次聚类分析一样，我们需要计算距离。但是，不是计算任意两只猫之间的距离，而是这只猫与质心之间的距离。

其次，K均值聚类算法的结果高度依赖质心的初始位置。如果选择了不恰当的初始位置，可能会导致结果失真。因此，为了使结果更准确，最好可以重复执行几次K均值聚类算法。顺便说一下，如果每次执行的结果都有差异，那么应该考虑改变分类的数量。

相当重要的知识！
距离度量

聚类分析的结果很大程度上取决于你选择的距离度量。距离度量主要有以下三种：

其中最简单的一种是欧几里得距离，即两点之间的最短路径。

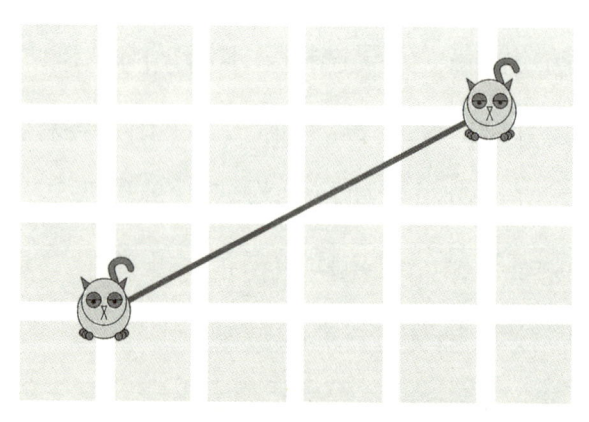

Эвклидово расстояние
欧几里得距离

有时，除了欧几里得距离，还会使用曼哈顿距离。这种度量方法以曼哈顿命名，或者更确切地说，是以这座城市的规划布局命名。走在曼哈顿的街道上，你不可能选择从 A 点到 B 点的最短路径。除非你能穿岩走壁，否则必须要沿着或平行或垂直的街道行走。

可以注意到，两种颜色路径的长度完全相同。如果样本中可能存在离群值，那么最好使用曼哈顿距离。

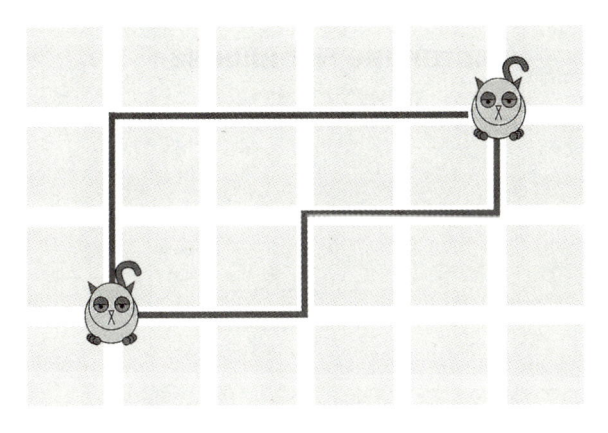

Манхэттенское расстояние
曼哈顿距离

最后一种常用的度量是切比雪夫距离。它与曼哈顿距离有一点类似,可以把它理解为猫沿着一条街道行走所需的最大距离。

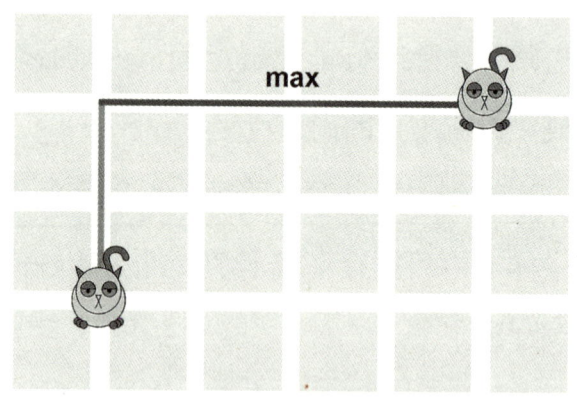

Расстояние Чебышева
切比雪夫距离

第十四章
猫的性格
——因素分析基础

毋庸置疑,每只猫都是一个独特而复杂的个体。它有自己的愿望和喜好,也有自己的世界观,对自己在世界中的位置有着独特的理解。但是,一些心理特征(如对食物的热爱)是所有猫共有的。

然而,不幸的是,与外部特征(如体型大小、毛发密度等)不同,想要度量心理特征并不那

么容易，因为它们是看不出来的。

所以，我们需要特殊的方法来度量它们。

举个例子，让我们回顾一下，大多数猫都喜欢在沙发上磨爪子，并且时不时地挠主人。同时，我们观察到这些现象之间存在线性正相关关系——毁掉更多沙发的猫往往也会在主人身上留下更多的抓痕。

从这种关系来看，我们可以假设这种喜好的背后隐藏着某些原因，这很可能就是猫的一种特别的性格特征。我们称它为抓挠天性。

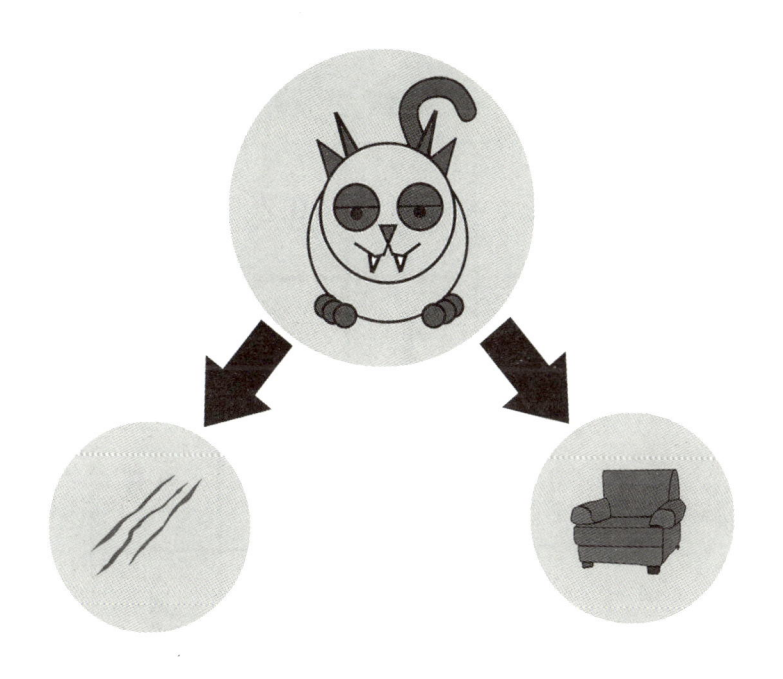

猫的抓挠天性越强,它就越容易抓挠沙发和主人。

为了找到这些隐藏的原因(或因素),我们需要按照如下步骤进行因素分析。首先,计算所有变量的相关矩阵:体型大小、食物分量、挠人的倾向等。

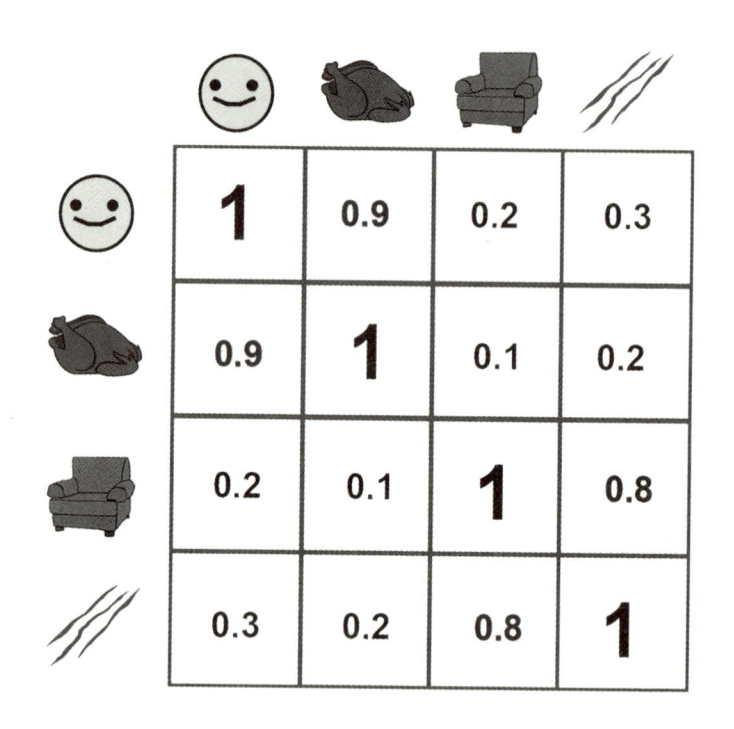

	😊	🦃	🛋️	〰️
😊	1	0.9	0.2	0.3
🦃	0.9	1	0.1	0.2
🛋️	0.2	0.1	1	0.8
〰️	0.3	0.2	0.8	1

其次，用因素来替代相互关联的变量。

为了便于理解这一步骤，让我们来观察下面这张图。

图上显示一条回归直线，表示为我们已经熟悉的线性关系。

现在，让我们把这张图旋转一下，使回归直线呈水平方向，并画出一条与回归直线垂直的直线。

这样，我们得到了一个新的坐标系。可以看到，大多数的猫都位于 X 轴上。那么，X 轴就是替代猫的食物分量和幸福感的因素。

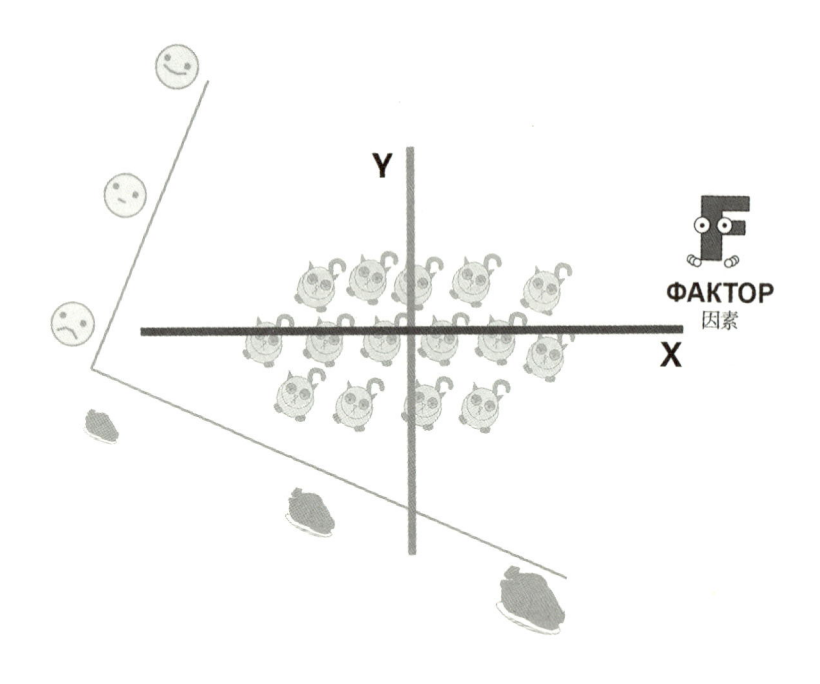

最后，我们就会得到这样一个表格，叫作因素矩阵。表格中的每个单元格表示因素与变量之间的相关系数。

这个相关系数被称为因素负荷。而每个因素的相关系数之和被称为特征值。

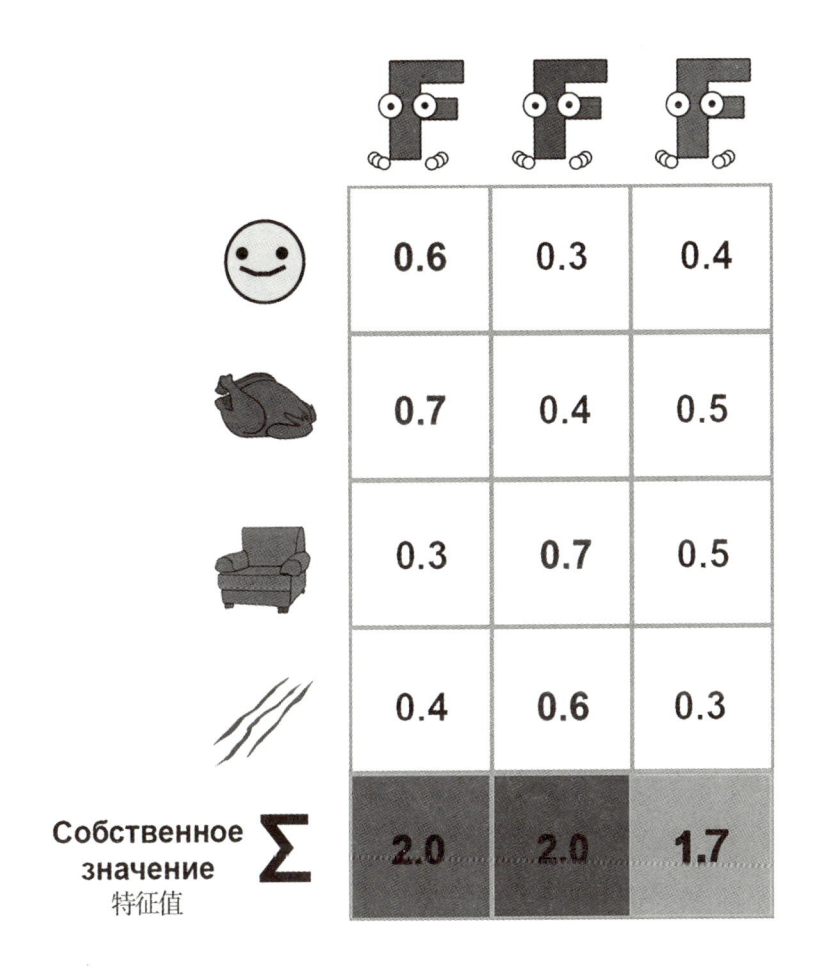

	F	F	F
☺	0.6	0.3	0.4
🦃	0.7	0.4	0.5
🛋	0.3	0.7	0.5
〰	0.4	0.6	0.3
Собственное значение 特征值 Σ	2.0	2.0	1.7

然后，我们需要对因素进行旋转。其目的是让因素矩阵中大的相关系数变得更大，小的相关系数变得更小。

这意味着每个因素将仅与某一变量相关

联，而与其他变量无关。

	F	F	F
☺	0.6	0.3	0.4
🦃	0.7	0.4	0.5
🛋	0.3	0.7	0.5
〰	0.4	0.6	0.3

До вращения
旋转之前

	F	F	F
☺	0.9	0.1	0.2
🦃	0.8	0.2	0.3
🛋	0.1	0.9	0.3
〰	0.2	0.8	0.1

После вращения
旋转之后

　　为了弄清楚如何旋转，让我们观察下面这张图。图上显示的是变量"幸福感"，它与第一个因素和第二个因素相关。"幸福感"的横、纵坐标就是它与这两个因素之间的相关系数。

　　如果我们逆时针旋转圆圈，那么"幸福感"的坐标就会发生改变。相应地，它与第一个因素的相关系数变得更大，而与第二个因素的相关系数变得更小。

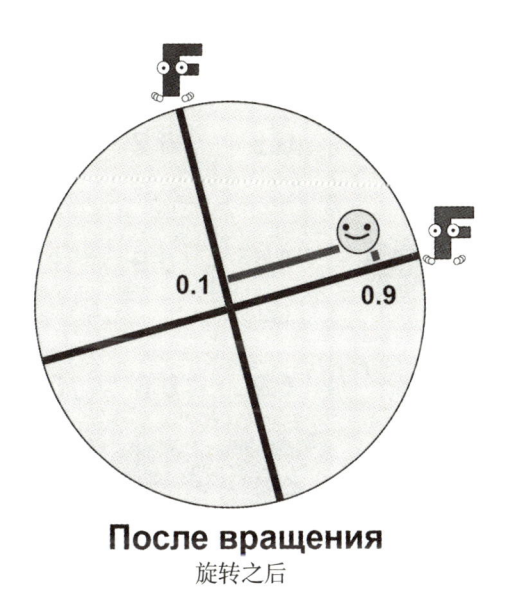

До вращения
旋转之前

После вращения
旋转之后

旋转方法有两种——正交和斜交。经过正交旋转得到的因素不能相互关联，而经过斜交旋转得到的因素可能是相互关联的。

倒数第二步是去掉与原始变量弱相关的不必要因素。有两种方法可供使用。第一种方法是 Kaiser 准则，即去掉所有特征值小于 1 的因素。

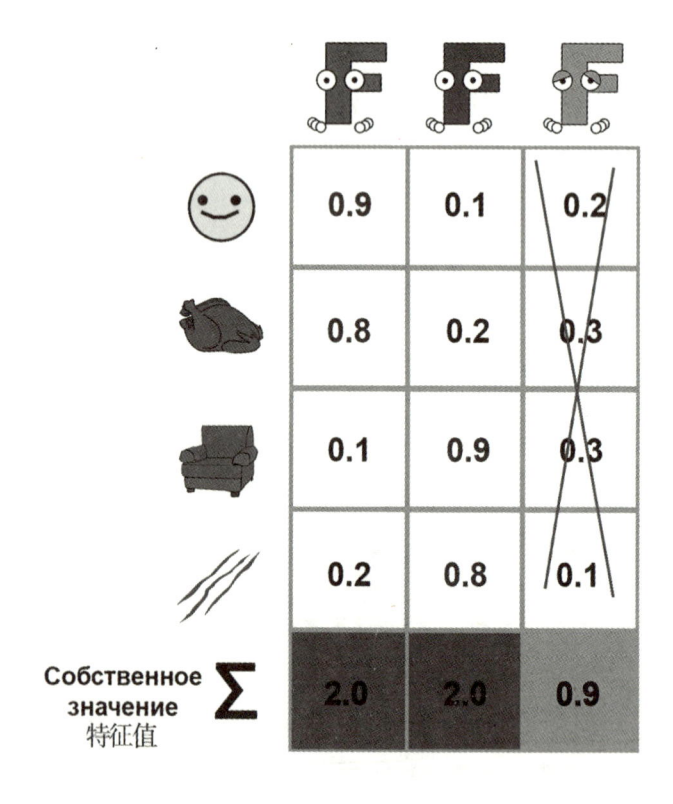

	F	F	F
☺	0.9	0.1	0.2
🦃	0.8	0.2	0.3
🛋	0.1	0.9	0.3
〰	0.2	0.8	0.1
Собственное значение Σ 特征值	2.0	2.0	0.9

第二种方法是碎石检验准则（或卡特尔准则），即绘制一张特征值图，X 轴代表因素，Y 轴代表对应的特征值。在这张图上会出现一个明显的拐点，所有低于拐点的因素都应去掉。

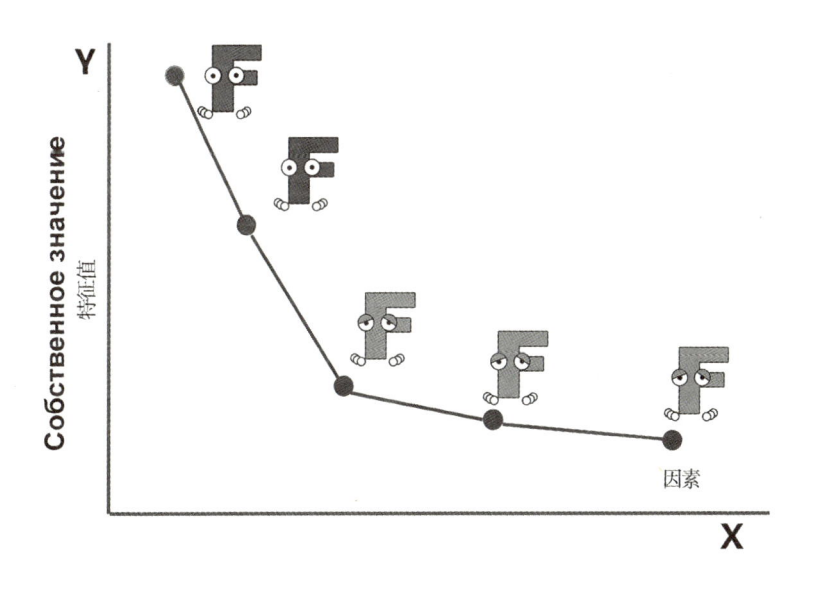

最后一步是给得出的因素命名。这是相当重要的，同时也是最困难的一步。

但是只要你成功完成了最后一步，就会建立一个非常完美的关于猫的性格的模型。在我们的例子中，第一个因素可以被称为"乐观性格"，第二个因素可以被称为"抓挠天性"。

相当重要的知识!
因素分析的应用

因素分析最初是心理学中应用的,用于研究个人能力和个人素质。然而,随着时间的推移,这种方法已经开始广泛应用于其他学科。

因素分析可以解决的第一个大问题是减少变量的数量。

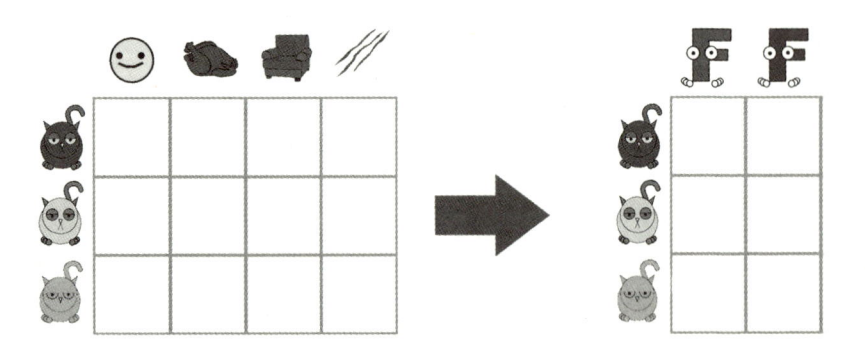

通常来说,为了进行严肃的科学研究,需要收集大量数据。数据如此之多,以致很难全

部理解。在这种情况下，通过因素分析，即用因素替代原始变量，可以大大减少需要分析的数据数量。

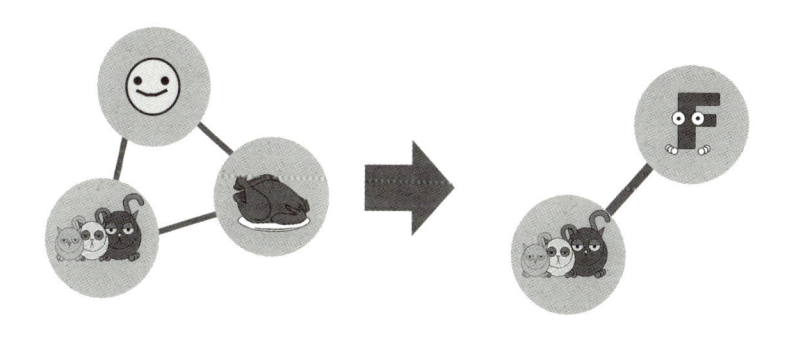

因素分析可以解决的第二个大问题是消除回归模型中的多重共线性。让我们回顾一下，多重共线性是指如果两个或多个变量相互关联，会导致回归分析的结果不可靠。因此，需要从分析中去掉这些变量。其中一种方法就是用因素来替代这些变量。

结 论

　　这就是本书的全部内容了。当然，这肯定不是统计学的全部，统计学远比这些丰富得多，还有很多知识是本书没有涉及的。但是，我们就先讲到这里吧。因为如果我把所有的内容都讲完，你们的兴趣也许会就此消失。毕竟，兴趣才是获取知识最好的驱动力。

　　总结一下，我们研究了统计学中最常用的数据分析方法。我们学习了描述性统计，探讨了差异性度量和相似性度量，了解了回归分析和判别分析，还明白了聚类的分析原理以及因素分析的用途。总的来说，掌握了不少新知识。

　　我希望统计学与你们的距离更近了。我希望你们对于统计学的恐惧和怀疑都已烟消云散。我希望你们已经感受到了这门学科独特的内在美。

总而言之,希望你们喜欢这本书。

此致
弗拉基米尔·萨维利耶夫

附录 1
主要内容的简要概括

本节简要介绍书中讨论的方法,以及它们在实践中的应用示例。这次,我们不再用猫举例,也不使用图片。

理解材料所需的基本定义

总体指的是研究人员感兴趣并研究的一组对象。在本书中,总体就是猫这个物种。

样本指的是取总体的一部分用于研究。统计学家们努力确保基于样本得出的结论能够适用于总体。在本书中,样本就是我们直接测量的猫。

相关样本指的是第一组样本中的对象恰好对应于第二组样本中的对象。

可以说,这两组样本之间存在一一对应的关系(在更复杂的情况下,也可以是三四个变量存在对应关系）。在本书中，服药之前的猫和服药之后的猫就是相关样本。

测量客体指的是测量的对象。在本书中，就是猫。

变量指的是测量对象的属性。在本书中，就是猫的幸福感、健康状况、体型大小等。

变量值指的是测量对象某一属性的表现程度。换句话说，就是这只猫到底有多健康，食物分量和幸福感到底有多少。

集中趋势度量

如果想要找到样本中最典型的数值，需要进行集中趋势度量。

组成部分：

1. 众数，即出现次数最多的数值。

2. 中位数，即一系列有序数值的中间值。

3. 算术平均数，即数值的总和除以它们的数量。

例如，如果想要知道一个国家最典型的工资水平，可以使用算术平均数和中位数这两个指标。

算术平均数是用工资总数除以总人数，而中位数是位于最穷和最富正中间的人的工资。通常来说，这两个数值是不同的——平均工资要高于中位数。而且，它们之间的差异越大，就说明社会中的不平等现象越严重。

可变性度量

如果想要反映数值相对于集中趋势度量的离散程度，需要进行可变性度量。

组成部分：

1. 极差，即最大值和最小值之间的差异。

2. 方差，即偏差平方的总和除以它们的总个数。偏差指的是某一数值与算术平均数之间的差异。总体的方差和样本的方差需要使用不同的公式计算。

3. 标准差，即方差的平方根。

例如，假设你有一家生产钉子的工厂，为了进行大规模生产，所有的产品都必须符合某些标准。比如，钉子的长度应该正好是 10 厘米。然而，在实践中，这个标准总是存在一些偏差（如 10.2 厘米或 9.7 厘米）。可变性度量可以估算这些偏差的大小。如果长度的标准偏差超过某个临界值，那么就说明产品不符合标准，即质量不高。

非相关样本之间的差异性度量

如果想要了解两组非相关样本之间的差异，需要进行非相关样本之间的差异性度量。如果它们的某个特征之间存在显著差异，那么我们可以有信心地说，总体也存在差异。度量方法分为参数方法和非参数方法。需要注意的是，只有在数据满足以下要求的情况下，才可以使用参数方法。

1.数据需要用公制单位表示。换句话说,特征需要用计量单位(厘米、公斤、秒等)来表示。

2.需要有大量的测量客体(不少于30个,多于100个更好)。

3.特征值分布近似正态分布。

4.没有离群值(与平均值差异非常大的数值)。

在不满足上述要求的情况下,可以使用非参数方法。表中列出的是最常用的差异度量方法。

类型	两组样本	三组及三组以上样本
参数方法	非相关样本的学生t检验	方差分析
非参数方法	曼－惠特尼U检验	克鲁斯卡尔－沃利斯H检验

例如,假设你想要种植西红柿,需要确定两个品种中哪一个的产量更高。为此,你需要

计算每株秧上西红柿的个数，并将此信息输入表格中。然后，应用学生 t 检验进行数据统计。通过学生 t 检验的结果，即可判断两个品种之间是否存在差异。

如果测量客体是两个以上的品种，那么可以选择方差分析，然后再使用特殊的后验标准进行比较。

相关样本之间的差异性度量

通过相关样本之间的差异性度量，可以确定相关样本之间的差异。同样，它们也分为参数方法和非参数方法：

类型	两组样本	三组及三组以上样本
参数方法	相关样本的学生 t 检验	重复测量方差分析
非参数方法	威尔科克森符号秩检验	弗里德曼检验

例如，假设你是一名技能培训课程的老师，想了解学生们是否从你的课堂上学到了有用的东西。为此，你需要在课程开始前和课程结束后对学生们进行一系列测验。

通过威尔科克森符号秩检验，你可以检查学生们是否对你的课程了解得更加深入。如果你想要进行多次测验，那么可以选择弗里德曼检验。

相似性度量

通过相似性度量（也称为相关系数），可以找到变量之间的相关关系。数学上的相关关系指的是当其中一个变量发生变化时，另一个变量也随之发生变化。

如果相关系数为正数，并且等于1，则表示当第一个变量的数值增加时，第二个变量的数值也会相应增加。而如果相关系数为负数（-1），则表示当第一个变量的数值增加时，第二个变量的数值会减少。而如果相关系数为 0，则表示这两个变量之间没有关系。

最常用的相关系数是皮尔森相关系数（参数方法）和斯皮尔曼相关系数（非参数方法）。

例如，假设你想要进行一项心理研究，了解智商和收入水平之间是否存在相关关系。为此，你需要找到一组受试者，测试他们的智商，了解他们的平均月收入，然后找到相关系数。如果相关系数为正数，而且很高，那么说明智商高的人会赚到更多的钱。

如果你得到了这样的结果，那么在解释时就需要非常小心，因为下面这些情况也是有可能出现的：

（1）智商高的人会得到工资更高的工作。

（2）较高的收入可以让人将更多的时间用于自我发展，特别是智力发展。

（3）还有另外一个未知变量（因素）决定了这种关系。

（4）这种关系纯属巧合。

回归分析

通过回归分析，我们可以建立一个功能数学模型，即公式。该公式可用于根据给定的预测变量来预测目标变量的值。

最常见的回归分析方法是线性回归和逻辑回归。线性回归可以预测变量的精确值，用公制单位表示。逻辑回归可以预测对象属于特定类别的概率。

例如，假设你经营一家连锁商店，想了解哪些因素会影响商店的月收入。为此，你需要测量所有你认为可能会影响商店收入的因素：进入商店的客人数量、收银台员工数量、货架上是否有某种产品等。然后，你需要建立一个线性回归，将这些商店的收入设置为目标变量，再将测量的各个因素设置为预测变量。

通过建立回归模型，你不仅可以查看影响

销售的因素，还可以预测商店在某些条件下将获得多少收入。

如果你稍微调整一下问题，并应用逻辑回归方法，那么就可以知道在某种条件下商店将会盈利还是亏损。

判别分析

判别分析与逻辑回归类似。它解决的问题可以大致表述如下：根据哪些变量，可以判别研究对象属于哪一类。

例如，假设你正在进行一项医学研究，想知道通过哪些诊断指标可以将生病的人和健康的人区分开。为此，你需要选择两组测量对象——一组明显健康的人和一组明显生病的人，对他们所有可能的指标进行测量。然后，你需要进行判别分析。通过判别分析，你就会得到一个完整的诊断指标体系。

聚类分析

聚类分析可以将研究对象分成不同种类。在进行聚类分析时，可能事先不知道类别的个数，也可能事先知道类别的确切数量。如果是前者，你应该选择层次聚类方法。该方法根据对象之间的距离将它们逐步划分成不同的类别。

而如果是后者，你需要使用K均值聚类算法。它是一种基于质心，将对象进行分组的划分方法。

例如，假设你从事网上销售，想要识别客户类别，以便更加有效、有针对性地投放广告。为此，你可以在你的网站上发布一个小型的调查问卷，在收集所需的页面流量数据后，进行聚类分析。如果你对具体哪些类别的客户经常访问你的网站有一个大概的推测，那么可以选择K均值聚类算法。如果没有这样的推测，应该选择层次聚类方法。

因素分析

因素分析是用一组因素替代变量来减少变量的数量。此外，如果预测变量是相互关联的，那么因素分析可以作为回归分析之前的初步程序。

例如，假设你正在研究一系列旨在诊断学生能力的心理测试。在你拟好测试题目，并且学生样本做完这些测试之后，你需要进行因素分析。如果在一项测试中取得高分的人，通常在其他测试中也会取得高分，这说明背后很可能存在一个共同因素。这个因素就是学生能力的发展水平。

附录 2
统计软件包的操作方法

迄今为止,有大量的软件产品可供使用。即便不是全部,但是至少本书中介绍的大部分方法都可以提供。它们有两类操作方式:一类是通过输入文本来给出命令(如 R 和 Python),另一类是从菜单中选取特定方法。由于普通用户很少会处理命令行,这里我们只探讨第二类软件。其中,最受欢迎的是以下五个软件。

1. IBM SPSS:它是一个功能强大的软件包,能够处理绝大多数统计任务。它是付费的,但能免费使用 14 天。

2. StatSoft Statistica:它是 SPSS 在俄罗斯市场的主要竞争对手,也是一种商业产品。

3. R-commander:它是 R 语言图形界面,

与 R 语言一样是免费的。

4. PSPP：它是与 SPSS 具有类似界面的免费替代品。

5. Microsoft Excel：添加"数据分析"加载项。说来也怪，这个软件可以做很多有趣的事情，但它的界面和典型的统计软件不太一样。

现在，让我们了解一下如何使用 SPSS。但是，下面讨论的许多内容不只适用于 SPSS，也适用于其他统计软件。特别是菜单式的统计软件，基本都遵循如下的操作顺序：

1. 将数据输入表中。

2. 找到需要的方法。

3. 选择变量进行分析。

4. 标记所需的选项。

5. 单击"OK"。

6. 解释结果。

同时，它们的第一步、第五步和第六步几乎完全相同。特别是将数据输入表中这一步，绝大多数的软件包都遵循以下规则:"对象按行输入,变量按列输入"。

如果存在非相关样本,那么需要用单独的变量来表示对象属于哪一组(如 0 表示公猫,1 表示母猫)。反过来,每个相关样本也需要用单独的变量表示(如"体型小于"和"体型大于")。

对象	性别(0—公猫,1—母猫)	体型小于(厘米)	体型大于(厘米)
巴斯克	0	62	64
穆尔齐克	0	67	68
季什卡	0	65	67
杜夏	1	57	60
穆夏	1	54	55
穆尔卡	1	52	5

其余的步骤存在一些微小的差别,这是由于软件包不同,采用的算法也不同。比如,在

SPSS 中，当选择变量时，需要将变量转换为字段，而在 Statistica 中，只需要单击鼠标。

因此，下面列出了 IBM SPSS Statistics 24 软件（官网上的俄语试用版）的主要算法。它们分为四个部分：

1. 如何查找——找到所需方法的路径。首先，需要点击顶部菜单栏（那里有"文件""编辑"等选项）。

2. 输入什么——进行分析前需要做什么。

3. 附加选项——可以根据具体问题调整方法。

4. 看向哪里——包含主要分析结果的表格和单元格。

描述性统计与统计图表

如何查找：分析→描述性统计→频率分析。

输入什么：选择要分析的变量，并使用鼠标将它们转换为"变量"字段。

附加选项：

统计——可以选择集中趋势度量和可变性度量。

图表——可以选择图表（饼状图或柱形图）。

格式——可以调整结果的显示格式。比如，可以单独显示每个变量的结果，也可以将它们一起显示。

看向哪里：查看描述性统计表格和图表。

非相关样本的学生t检验

如何查找：分析→比较均值→非相关样本的学生t检验。

输入什么：

1. 将用于查找差异的变量转换为"测量变量"字段。

2. 将用于把对象划分为不同类别（非相关样本）的变量转换为"分组依据"字段。

3. 通过指定数值（如 0 和 1）进行分组，或者也可以指定分组阈值，低于该值的属于一组，高于该值的属于另一组。

附加选项：没有需要特别注意的。

看向哪里：查看"非相关样本检验"表格。左侧的两列是方差齐性检验，它用于检验两组样本的方差是否相同。

如果显著性大于 0.05，则说明两组样本的方差相同。然后，你需要查看第一行（"假设方差相同"）。如果显著性小于 0.05，则需要查看第二行（"假设方差不相同"）。

下一列是学生 t 检验。如果显著性（"双侧显著性"一列）小于 0.05，则说明样本的均值之间存在差异。如果显著性大于 0.05，则说明没有发现差异。

如果你想知道哪组样本的均值更高，可以查看"各组统计数据"表格（"平均值"一列）。

单因素方差分析

如何查找：分析→一般线性模型→OLM一元线性回归模型。

输入什么：

1. 将用于查找差异的变量转换为"因变量"字段。

2. 将用于把对象划分为不同类别（非相关样本）的变量转换为"固定因素"字段。

附加选项：

后验——可以进行各种事后检验。

参数——各种附加标准。通常来说，我们对描述性统计感兴趣。均值图也非常有用。

看向哪里：我们对"组间效应检验"表格的最后两列——"F"和"显著性"感兴趣。每个因素都有这两个参数。如果"显著性"小于0.05，则说明该因素会影响变量。

如果你想要进行事后检验，可以在"多重比较"表格中找到它们。而每组样本的平均值，可以在"描述性统计"表格中找到。

多因素方差分析

如何查找：分析→比较均值→单因素方差分析。

输入什么：

1. 将用于查找差异的变量转换为"因变量列表"字段。

2. 将用于把对象划分为不同类别（非相关样本）的变量转换为"因素"字段。

附加选项：

后验——可以进行各种事后检验。

参数——各种附加标准。通常来说，我们对描述性统计感兴趣。均值图也非常有用。

看向哪里：需要查看"方差分析"表格的最后两列——"F"和"显著性"。

如果"显著性"小于0.05，则说明该因素会影响变量。

如果你想要进行事后检验，可以在"多重比较"表格中找到。每组样本的平均值，可以在"描述性统计"表格中找到。

曼－惠特尼 U 检验

如何查找：分析→非参数检验→旧版对话框→对于两组非相关样本。

输入什么：

1. 将用于查找差异的变量转换为"测量变量列表"字段。

2. 将用于把对象划分为不同类别（非相关样本）的变量转换为"分组依据"字段。

3. 通过指定数值（如 0 和 1）进行分组。

附加选项：如果需要，可以使用其他检验方法来查看差异。

看向哪里：需要查看"统计标准"表格。曼－惠特尼 U 检验在与其同名的一行。p 值在"渐进显著性（双侧）"一行。如果 p 值小于 0.05，则说明你的样本之间存在显著差异。如果 p 值大于 0.05，则说明没有发现显著差异。

克鲁斯卡尔 - 沃利斯检验

如何查找：分析→非参数检验→旧版对话框→对于 K 组非相关样本。

输入什么：

1. 将用于查找差异的变量转换为"测量变量列表"字段。

2. 将用于把对象划分为不同类别（非相关样本）的变量转换为"分组依据"字段。

3. 指定数值的范围，进行分组。比如，如果范围是从 1 到 3，那么就有 3 组。

附加选项：没有需要特别注意的。

看向哪里：需要查看"统计标准"表格。绝对值隐藏在"卡方"一行。如果"渐进显著性"小于 0.05，则说明该因素的影响非常显著。

相关样本的学生 t 检验

如何查找：分析→比较均值→成对样本 t 检验。

输入什么：将表示相关样本的变量转换为"成对变量"字段。

附加选项：没有需要特别注意的。

看向哪里：需要查看"成对样本检验"表格的最后几列。"T"表示样本值，而"显著性（双侧）"表示 p 值。如果 p 值小于 0.05，则说明你的样本之间存在差异。

如果你想知道哪组样本的均值更高，可以查看"成对样本统计"表格（"平均值"一列）。

重复测量的方差分析

如何查找：分析→一般线性模型→OLM 重复测量。

输入什么：

1. 指定组内因素的名称和级别数（相关样本的数量），然后单击"添加"按钮。

2. 将表示相关样本的变量转换为"组内变量"字段。

附加选项：如果存在非相关样本，可以将相应变量添加到组间因素，对它们进行分析。

在"图表"部分，可以根据每个因素对均值图进行调整。

看向哪里：需要查看"组内效应检验"表格（含有组内因素名称的部分）。

有四种检验方法，它们通常具有相同的值（见 F 列）。如果它们的"显著性"小于 0.05，则说明相关样本之间存在差异。

威尔科克森符号秩检验

如何查找：分析→非参数检验→旧版对话框→对于两组相关样本。

输入什么：将表示相关样本的成对变量转

换为"成对测试"字段。

附加选项：如果需要，可以使用其他检验方法来查看差异。比如，符号检验法。

看向哪里：需要查看"统计标准"表格。在该表上你找不到威尔科克森符号秩检验，但是能找到 Z 统计量。你可以将它应用到分析中。

p 值可以在"渐进显著性（双侧）"一行中找到。如果 p 值小于 0.05，则说明你的样本之间存在显著差异。如果 p 值大于 0.05，则说明没有发现显著差异。

弗里德曼检验

如何查找：分析→非参数检验→旧版对话框→对于 K 组相关样本。

输入什么：将表示相关样本的变量转换为"测量变量"字段。

附加选项：没有需要特别注意的。

看向哪里：需要查看"统计标准"表格。

绝对值隐藏在"卡方"一行。如果"渐进显著性"小于 0.05，则说明该因素的影响非常显著。

皮尔森相关系数和斯皮尔曼相关系数

如何查找：分析→相关性→成对。

输入什么：

1. 将用于找到相关性的变量转换为"变量"字段。

2. 选择所需的相关系数。

附加选项：没有需要特别注意的。

看向哪里：程序会给出一个相关矩阵（"相关性"表格或"非参数相关性"表格）。为了查看表中变量 A 和变量 B 之间的相关系数，需要找到包含变量 A 的行和包含变量 B 的列，并找到它们相交的位置。

顶部是相关系数，而稍低的部分是显著性水平（双侧）。如果它低于 0.05，则说明变量之间确实存在相关性。

线性回归

如何查找：分析→回归→线性。

输入什么：

1. 将目标变量转换为"因变量"字段。

2. 将可变因素转换为"自变量"字段。

附加选项：在主窗口选择线性回归方法，通常可以选择"进入"和"逐步"。

单击"统计"按钮，就可以选择程序提供的一些附加系数。

看向哪里：需要查看"系数"表格。我们对"B"和"显著性"这两列感兴趣。"B"列表示的是回归系数，而"显著性"列表示的是 p 值。如果它小于 0.05，则说明该因素的影响非常显著。

我们感兴趣的第二个表格是模型摘要。需要查看"调整后的 R 平方"这一列。这一列是确定系数，它表示模型对数据的解释程度。如果 R 平方为 0.92，则说明 92% 的数据可以用你的模型来解释。

逻辑回归

如何查找：分析→回归→逻辑。

输入什么：

1. 将目标变量转换为"因变量"字段。

2. 将可变因素转换为"协变量"字段。

附加选项：在主窗口选择逻辑回归方法，默认设置"进入"（"Enter"）。

单击"参数"按钮，就可以选择一些附加的数据和图表。另外，强烈建议勾选图标"在最后一步"。

看向哪里：向下滚动页面，查看"公式中的变量"表格。我们对"B"和"显著性"这两列感兴趣。"B"列表示的是回归系数，而"显著性"列表示的是 p 值。如果它小于 0.05，则说明该因素的影响非常显著。

第二个表格是"模型摘要"。需要查看"Nagelkerke R 平方"这一列。这个系数表示模型对数据的解释程度。如果 R 平方为 0.92，则说明 92% 的数据可以用你的模型来解释。

最后一个表格是"分类表"。通过它，可以比较模型预测的结果与实际发生情况的吻合程度。

判别分析

如何查找：分析→分类→判别分析。

输入什么：

1. 将用于把对象划分为不同类别的变量转换为"分组依据"字段。然后，指定数值的范围进行分组。比如，如果范围是从 1 到 3，那么就有三组。

2. 将其余变量转换为"独立变量"字段。

3. 单击"统计"按钮，并选择"单因素方差分析"。

4. 单击"分类"按钮，并选择"汇总表"。

附加选项：在主窗口中可以选择判别分析方法（"强制启动"或"逐步选择"）。

在"统计"窗口中，还可以选择"平均值"，为每组样本提供描述性统计。

看向哪里：需要查看"组平均值同等检验"表格。通过这个表格（"F"列和"显著性"列），你可以知道哪些是显著的分类变量。如果显著性小于 0.05，则说明该变量是显著的。

标准化的典型判别函数系数可以在与其同名的表格中找到（如果需要的话）。

至于质量度量，可以使用"分类结果"表格。单元格 [0,0] 和 [1,1] 中是正确分类的对象，而其余单元格中是错误分类的对象。

层次聚类

如何查找：分析→分类→层次聚类。

输入什么：

1. 将用于把对象划分为不同类别的属性转换为"变量"字段。

2. 在"图表"部分选择"树状图"。

附加选项：单击"统计"按钮，就可以让计算机显示对象在聚类的各个阶段属于哪些集群。此外，你还可以让计算机显示对象之间的距离矩阵（或"邻近矩阵"）。

在"方法"部分，你可以选择集群的分类方法，以及距离度量。

看向哪里：树状图显示对象在聚类的各个阶段属于哪些集群。

如果你勾选相应的图标，就可以在"集群表"中查看对象在聚类的相应阶段属于哪个集群。

K 均值聚类算法

如何查找：分析→分类→K 均值聚类算法。

输入什么：

1. 将用于把对象划分为不同类别的属性转换为"变量"字段。

2. 选择集群数量。

3. 在"参数"部分选择"每个测量客体的目标集群"。

附加选项：没有需要特别注意的。

看向哪里：在"集群表"中，可以查看哪个对象属于哪个集群。

在"最终的集群中心"表格中，可以查看每个质心的坐标。

因素分析

如何查找：分析→降维→因素分析。

输入什么：

1. 将用于因素分析的变量转换为"变量"字段。

2. 单击"旋转"按钮，并选择旋转方法（最常见的是"正交旋转法"）。

附加选项：在"提取"部分，你可以选择提取方法，绘制特征值图，或者调整因素的数量。

看向哪里：在"旋转成分矩阵"中，可以查看因素分析的结果。矩阵中列出的是因素与变量之间的相关系数。

在"总方差解释"表格中，可以查看因素的特征值。

附录 3
补充材料

如果看完本书后,你对统计学产生了很强烈的兴趣,那么还可以看些什么呢?

首先,我强烈推荐 www.stepik.org 这个网站上生物信息学研究所的"统计学基础"课程,该课程共分为三个部分,由阿纳托利·卡尔波夫、伊万·伊万奇、波琳娜·德罗兹多瓦和阿尔塞尼·莫斯科维奇夫主讲。课程通俗易懂,充满智慧,内容远比教材上讲的要深刻得多。

其次,值得一提的是萨拉·博斯劳的作品《统计学及其应用》。唯一的问题是,这本书价格不菲,而且很难找到。书中丰富的信息令人叹为观止——不仅有最常见的数据处理方法,还有专门应用于医学、经济和商业领域的方法。

另外,我也经常访问 StatSoft 公司开发的知识门户 statistica.ru。

网站上的电子教材是非常好的参考工具。Statsoft Statistica 数据分析软件的操作方法，可以从博罗维科夫的教材《STATISTICA 系统的现代数据分析方法简介》中学到。

如果你想要使用 SPSS 系统，可以阅读纳斯列多夫的作品《IBM SPSS Statistics 20 和 AMOS：专业统计数据分析》。书中介绍了研究人员可能遇到的典型问题及其解决方案。

在 www.stepik.org 这个网站上，还有一个由阿纳托利·卡尔波夫和伊万·伊万奇主讲的关于 R 语言统计的课程，同样值得观看。

总的来说，最重要的知识来源是进行研究工作。解决实际问题，远比阅读书籍更有利于知识的消化吸收。因此，如果你想掌握这门学科，应该去发现其有价值的问题，并且积极地解决问题。这样，我们的世界就会变得更加美好、有趣。

致 谢

在此，我要特别感谢一些人。没有他们的帮助，就不会有这本书的存在。

首先，我要感谢那些相信这个项目并投资的人们。谢谢你们成为 Boomstarter 众筹网站的赞助商。如果没有你们，这本书将只是一个美丽的空想。正是你们的支持激励了我，也正是对你们的那份责任让我每天都专心致志地完成这本书，使它变得越来越好。

其次，我要特别感谢以下赞助商：德米特里·楚马琴科，埃琳娜·泽尔卡连科娃，阿纳托利·费多托奇金，列昂尼德·托什切夫，叶夫根尼·科莫茨基，奥尔加·罗曼诺娃，伊万·拉沃沃伊，阿列克谢·伊万诺夫，瓦迪姆·什米戈夫和"信息图表 TUT"学校，马克西姆·克拉夫佐夫，伊琳娜·沙弗兰斯卡娅，谢尔盖·切列帕诺夫，弗拉基米尔·沃洛洪斯基，亚历山大·别洛采尔科夫斯基，叶夫根尼·斯捷潘尼谢夫，维亚切斯拉夫·卡洛申和伊戈尔·莫西亚金。正是因为他们的慷慨解囊，才让我有机会实现一些有趣的想法。

这些人中有三位是我认识的，在此我要特别感谢他们。

第一位是德米特里·楚马琴科。特别感谢他在数据分析方面对我的帮助。正是他在一次会议上对我的点评激发了我的研究兴趣。

第二位是我的同事兼好朋友叶夫根尼·科莫茨基。与他的思想交流，让我在研究领域取得了长足的进步。感谢他提出的那些奇怪而又有趣的问题。

第三位是弗拉基米尔·沃洛洪斯基。无论是过去，还是现在，他都是数据收集和处理领域的权威人物。我很荣幸，他不仅是这个项目的赞助商，还担任了本书的评审专家。

与此同时，我还要向他和其他专家们表示

深深的谢意。正是他们专业的帮助，才让本书的内容变得更好。他们帮我改正了许多错误和不准确的地方，绝不允许我在一些重要的话题上误导读者。

另外，我要感谢《心理研究的数学方法》的作者安德烈·德米特里耶维奇·纳斯列多夫。这本教材已经成为许多心理学家的必备参考书。除了他给出的专家评审，我还要感谢他为本书《吸猫统计学》撰写的书评。

这篇书评让我对自己的能力充满信心，也让我意识到，自己正在朝着正确的方向前进。

我还要再单独感谢一下阿纳托利·卡尔波夫。作为一名教育心理学家以及生物信息学研究所的统计学教授，他绝对是对本书内容贡献最大的人。非常感谢他为本书提出的建议和提供的专家评审。希望读者朋友们多多关注他和同事们在 www.stepik.org 这个网站上主讲的课程。课程内容真的特别精彩。

除了上述各位专家，还有两位博客读者——阿列克谢·鲁萨科夫和阿列克谢·索托夫也对本书做出了重大贡献。顺便说一下，阿列克谢·索托夫是我多年的老朋友了。

感谢社交网站"VKontakte"的各位管理员。谢谢他们同意发布有关本书的新闻。特别感谢伊斯梅尔·阿利耶夫对本书感兴趣，并为它在社交网络里的推广提供了宝贵帮助。

我还要感谢与我一起直接参与本项目实施的人：感谢 Boomstarter 众筹网站的安娜·瑟索耶娃帮助我组织了众筹活动，感谢 Ridero 出版社的玛丽亚·里亚维娜帮助我组织印刷并将成书分发给赞助商。顺便说一下，我还要感谢马克西姆·西连科夫提供的封面。

还有亚历山德拉·巴赫曼诺娃和伊琳娜·兹纳缅斯卡娅帮助我修正了拼写和标点的问题。

特别感谢尤里·科尔热涅夫斯基。他是这个项目真正的守护天使。他几乎参与了所有工作——从提供重要的经济支持到寻找封面设计师。但是，我从他那里得到的最重要的东西是他在正确的时间提出了正确的问题。在和他一起工作的过程中，我学到了很多东西。

最后，我要由衷地感谢我的家人、朋友和同事，感谢他们在精神方面给予了我无尽的支持。这几个月对我来说真的很难。

特别感谢我的妻子维塔利娜。如果没有她的支持，就没有现在的我。

弗拉基米尔·萨维利耶夫